U0909126

融资政策对小额贷款公司多重绩效的影响研究

Rongzi Zhengce Dui Xiaoe Daikuan Gongsi Duochong Jixiao de Yingxiang Yanjiu

范亚辰 著

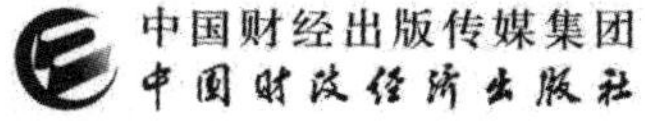
中国财经出版传媒集团
中国财政经济出版社

图书在版编目（CIP）数据

融资政策对小额贷款公司多重绩效的影响研究 / 范亚辰著. -- 北京：中国财政经济出版社，2020.11
ISBN 978-7-5223-0136-5

Ⅰ.①融… Ⅱ.①范… Ⅲ.①融资政策－影响－贷款－金融公司－研究 Ⅳ.①F830.5

中国版本图书馆 CIP 数据核字（2020）第 210693 号

责任编辑：潘　飞　　　　责任校对：张　凡
封面设计：卜建辰　　　　责任印制：党　辉

中国财政经济出版社 出版
URL：http：//www.cfeph.cn
E-mail：cfeph@cfeph.cn
（版权所有　翻印必究）
社址：北京市海淀区阜成路甲 28 号　邮政编码：100142
营销中心电话：010-88191522
天猫网店：中国财政经济出版社旗舰店
网址：https：//zgczjjcbs.tmall.com
北京财经印刷厂印刷　各地新华书店经销
成品尺寸：170mm×240mm　16 开　12 印张　180 000 字
2020 年 11 月第 1 版　2020 年 11 月北京第 1 次印刷
定价：49.00 元
ISBN 978-7-5223-0136-5
（图书出现印装问题，本社负责调换，电话：010-88190548）
本社质量投诉电话：010-88190744
打击盗版举报热线：010-88191661　QQ：2242791300

前言

小额贷款公司的设立是我国政府在农村金融领域推动的新一次强制性制度变迁，承担着增加农村领域金融供给和降低制度性交易费用等政策功能。自2008年试点开始，小额贷款公司经历了飞速的发展，成为满足弱势群体金融需求的生力军，有效拓展了普惠金融体系的覆盖面。然而作为商业机构，小额贷款公司天然追求利润最大化，而向低收入人群提供信贷服务的成本高、风险大，导致财务绩效和社会绩效之间存在矛盾；而且在实践中我国小额贷款公司也暴露出资金短缺、盈利水平下降、不良贷款率攀升等问题，影响和制约了小额贷款公司政策目标的实现。

作为经营小额信贷业务的金融机构，资金规模是影响小额贷款公司绩效实现的重要原因。中央和地方政府制定的融资政策则令小额贷款公司极易面临资金短缺的问题。虽然部分省（市、区）通过调整融资政策放宽了对小额贷款公司的融资约束，但在我国经济发展进入“新常态”、信贷业务规模增长不断放缓的背景下，如何权衡多重绩效的实现，仍是困扰小额贷款公司经营者的难题。

本书以规制经济学为基础，结合制度经济学和博弈论，对小额贷款公司的融资政策及其对多重绩效的影响进行了系统研究。首先，本书梳理、归纳了小额贷款公司的融资政策，并结合小额贷款公司政策的设立目标，分析中央和地方两级融资政策制定及变迁的理论逻辑。其次，本书在界定小额贷款公司多重绩效内涵的基础上，通过构建数理模型和博弈模型等理论框架，分别探讨了融资政策对小额贷款公司财务绩效、社会绩效和运作效率的影响机制，并进一步分析了多重绩效的兼顾性。最后，本书利用2015—2017年三次问卷调查收集的全国小额贷款公司数据，采用多元回归模型和联立方程模型，验证了融资政策对多重绩效的影响及多重绩效的兼顾。本书的主要研究结论如下：

第一，融资政策表现出从约束型到激励型变迁的特点。基于金融抑制的思想，中央政府制定了约束型融资政策，但约束型融资政策未能有效促进政策初衷的实现，并且地方经济发展也对制度供给提出新要求，从而推动了激励型融资政策的实施。

第二，融资约束制约了小额贷款公司财务绩效和社会绩效的提升。可贷资金规模是影响小额贷款公司经营利润的重要因素，但融资政策产生的融资约束不仅限制了利润，还导致经营者倾向于提高贷款利率和加快贷款周转速度，降低小微客户的信贷可得性，最终制约财务绩效和社会绩效的提升。

第三，融资政策通过改变小额贷款公司治理能力和产权人机会主义倾向的方式对运作效率产生影响。融资政策越严格，产权人机会主义倾向的提高越使其摆脱资产专用性的限制，降低市场型交易费用；同时，政府传递了强监管信号，迫使经营者改善治理能力，降低管理型交易费用，从而降低总交易费用，提高制度运作效率。

第四，在激励型融资政策的影响下，小额贷款公司能够实现多重绩效的兼顾。小额贷款公司多重绩效难以兼顾的核心原因在于小额信贷业务的低收益与机构经营者追求利润最大化目标之间的矛盾，但激励型融资政策将融资收益与社会绩效水平等指标挂钩，扭转了小额信贷业务的低收益特点，激励小额贷款公司提升社会绩效和运作效率，实现了多重绩效的兼顾。

Preface

Micro credit company is a new compulsory institutional change promoted bycentral government in the field of rural finance. It undertakes the policy intentions of increasing financial supply in rural areas and reducing institutional transaction cost. Since 2008, micro credit companies have experienced rapid development, and become a new force to meet the financial needs of vulnerable groups, which effectively expanded the coverage of inclusive financial system. However, as a commercial institution, micro credit companies naturally pursue profit maximization, but the high cost and high risk of providing credit services to low – income groups lead to contradictions between profit performance and social performance. Moreover, micro credit companies in China also face problems such as shortage of funds, decline in profitability and rising non – performing loan rate, which affect and restrict the realization of multiple performances.

Micro credit companies is a financial institution which operating micro credit business, so the scale of funds is an important factor affecting its multiple performance. But the financing policies formulated by central and local governments make micro credit companies vulnerable to facing capital shortage. Although some provinces have relaxed the financing constraints of micro credit companies by adjusting their financing policies, but how to balance the realization of multiple performances is still a difficult problem for operators, especially when the growth of macroeconomic and the growth of business scale of micro credit companies is slowing down.

Based on regulatory economics, combined with institutional economics and game theory, this paper systematically studies the financing policy of micro credit companies and its impact on multiple performances. Firstly, this paper summarizes the financing policies of micro credit companies, and then analyze the formulation and changes of the central and local levels of financing policy, based on original intention of the establishment of the micro credit company system. Secondly, the paper defines the connotation of multi – performance of micro – loan companies, which includes profit performance, social performance and operational efficiency, and then explores the impact mechanism of financing policies on a single performance, by constructing theoretical frameworks such as mathematical model and game model. Based on that, the paper further analyses the compatibility of multiple performances. Finally, this paper uses multiple regression model and simultaneous equation model to verify the impact of financing policy on performance and the compatibility of multiple performances, by using the questionnaire data of the national micro credit companies from 2014 to 2016, The main conclusions are as follows:

First, financing policy shows the characteristics of transition from restraint policy to incentive policy. Based on the idea of financial repression, the central government has formulated a restrictive financing policy. But the restrained financing policy has not effectively promoted the realization of the original intention of establishing the micro credit company, and the local economic development has also put forward new requirements for the institutional supply, thus promoting the implementation of incentive financing policy.

Second, financing constraints restrict the improvement of financial performance and social performance ofmicro credit companies. The reason is that the scale of loanable funds affects the operating profit of micro credit companies, but the financing constraints imposed by financing policies will restrict the scale of profits, and lead operators to increase loan interest rates and speed up loan turnover. Consequently, those will not only reduce the availability of credit for small customers, but also restrict the improvement of financial performance and social performance.

Third, the financing policy has an impact on the operational efficiency by changing the micro credit companies' governance ability and opportunistic tendencies of property owners. The stricter the financing policy is, the higher the opportunism tendency of the property owner is. So the owner will try to getting rid of the restriction of asset specificity and reduce the market transaction cost. At the same time, the government has transmitted a strong regulatory signal, which is forcing operators to improve their governance ability and reduce the management transaction cost, thus reducing the total transaction cost and improving the system operation efficiency.

Fourth, under the influence of incentive financing policy, micro credit companies can achieve multiple performance. The core reason why the multiple performance is difficult to achieve at once is the contradiction between the low income of micro credit business and the goal of the profit maximization. However, the incentive financing policy links the financing income with the social performance level and other indicators, which reverses the low – income characteristics of micro credit business. Thus micro credit companies will initiatively improve social performance and operational efficiency, and achieve the goal of multiple performances at the same time.

目　录

表目录

图目录

第1章

绪　论

1.1 研究背景与研究意义

经过多年发展，我国金融制度的功能已较为健全，但仍未达到完全竞争市场的理想状态，经济主体在参与金融交易时面临许多障碍，特别是在农村金融领域，金融排斥、金融配给等现象时有发生。为了提高金融制度运转效率、深入推进包容性发展，2005年联合国提出构建“普惠金融体系”（Inclusive Financial Sectors）的概念，受到世界各国的认可，2005年也因此被称为“国际小额信贷年”。普惠金融旨在解决“三农”、小微企业等弱势群体面临的金融排斥问题，即利用小额信贷机构，为其提供优质、匹配的金融服务，帮助弱势群体提升经济实力，进而促进经济和社会的协调发展。在此背景下，为了充分调动社会金融资源，中国政府进一步深化农村金融制度改革，开启了民间资本进入金融业的序幕，小额贷款公司制度应运而生。小额贷款公司是商业性的小额信贷机构，是我国政府在农村金融领域推动的新一次强制性制度变迁。2005年，山西等5个省、自治区率先开展小额贷款公司试点；2008年，中国银行业监督管理委员会（以下简称中国银监会）和中国人民银行（以下简称人民银行）联合发布《关于小额贷款公司试点的指导意见》（银监发〔2008〕23号），开始在全国范围内试点小额贷款公司。经过10余年的发展，我国小额贷款公司成为普惠金融体系的重要组成部分。根据中国人民银行《2018年小额贷款公司统计数据报告》，截至2018年年末，全国共有小额贷款公司8133家，贷款余额9550亿元，有效满足了弱势群体的金融需求。

随着制度主义小额信贷观点的流行，社会各界普遍认为小额信贷机构需要在经营中实现服务穷人和保持机构财务可持续的双重目标，即通常而言的兼顾社会绩效和财务绩效。在此观念的影响下，我国政府制定小额贷款公司制度的初衷便是通过设立商业化的小额信贷机构，可持续地增加县域内金融供给，满足低收入群体的信贷需求。理论上，小额贷款公司是可能兼顾双重目标的金融创新，但因向低收入群体等受传统金融机构排斥的人群提供小额信贷服务的成本较高、风险大，且预期收益较低，财务绩效和社会绩效之间存在冲突，故小额贷款公司在实践中需要在财务绩效和社会绩效之间进行权衡：要么通过增加对高收入群体的服务以提升财务绩效，改善机构的可持续性，这被一些学者称为“使命漂移”[1-2]；要么坚持向低收入人群提供金融服务，但机构的财务可持续性可能降低。随着小额信贷商业化趋势的发展，关于小额信贷机构能否同时兼顾财务绩效和社会绩效的争论越发激烈，这一点在我国小额贷款公司行业体现得尤其明显。作为政府推动的强制性制度变迁，小额贷款公司制度设立之初缺少相关利益群体的博弈，导致利益相关者与制度制定者之间存在一定的目标冲突。作为民间资本主导的商业性小额信贷机构，小额贷款公司的经营者天然具有追求利润最大化的倾向，而且我国金融牌照资源的稀缺性又加剧了这一倾向。因此，为了避免小额贷款公司出现“使命漂移”，使其专注于服务低收入人群，中央政府在政策设立之初便对小额贷款公司的经营进行了严格的限制，如规定小额贷款公司的经营范围为所在县（区）域，单一贷款人贷款余额不得超过小额贷款公司资本净额的5%等。但是，小额贷款公司制度的实际运作效果并未完全达到政府的设想：一是部分小额贷款公司出现了资金短缺、盈利水平下降、不良贷款率攀升等问题，甚至有一些小额贷款公司破产倒闭，未能实现机构的财务可持续；二是许多小额贷款公司在经营中表现出“进城弃乡、嫌贫爱富、垒大弃小”等特点，在追求利润最大化的同时偏离了政策初衷[3-5]。

作为非吸储类小额信贷机构，资金短缺是导致上述问题存在的重要原因。根据银监发〔2008〕23号文件规定，“小额贷款公司的主要资金来源为股东缴纳的资本金、捐赠资金，以及来自不超过两个银行业金融机构的融入资金，且小额贷款公司从银行业金融机构获得融入资金的余额，不得超过资本净额的50%”。因此，融资约束的存在使小额贷款公司极易面临资金短缺的问题。随着我国经济增长进入“新常态”阶段，小额贷款公司的业务增长速度不断放缓，内源融资能力受到削弱；而且银监发〔2008〕23号文件规定了小额贷款公司的融资杠杆率后，中央政府再未对其进行过调整，虽然部分地方金融监管部门对此作了一些突破，但相比于银行业金融机构25倍、担保机构10倍的理论杠杆率，地方性融资政策的拓展幅度仍较小，且部分条款的要求也较高，小额贷款公司的外源融资困难未有太大改善。因此，在面临严重融资约束的背景下，如何权衡财务绩效和社会绩效成为小额贷款公司经营者面临的突出问题。

在小额贷款公司成立之初，政府是基于以往的监管经验制定融资政策，存在制度供给与制度需求不匹配的情况[6]。随着时间的推移，小额贷款公司面临的经营环境已有较大变化，导致政府制定融资政策的部分构想与小额贷款公司的经营现实存在更大的差异，不仅制约了小额贷款公司的经营发展，还产生了一些问题：一是严格的融资杠杆限制小额贷款公司扩张速度的同时也限制了其金融供给能力的增长；二是部分小额贷款试图通过一些“创新方式”绕过融资政策，结果导致经营乱象丛生，既对公司经营造成负担，也增大了金融风险；三是较高的融资准入门槛降低了小额贷款公司经营者的融资倾向，可能减弱了其追求社会绩效的经营动力。在此背景下，部分省（区、市）金融监管部门开始逐步调整小额贷款公司融资政策，如江苏省将小额贷款公司的融资上限从“资本净额的50%”拓展到“资本金的100%”，融资渠道从“银行业贷款”增加到“银行贷款、同业拆借、股东大额定向借款”等，期望在改善小额贷款公司融资困境的同时更好地发挥政策效果，最终缓解小额贷款公司多重绩效之间的矛盾。因此，小额贷款公司的融资政策及其对小额贷款公司多重绩效的影响，具有较高的研究价值。

深入研究小额贷款公司的融资政策，首先要了解小额贷款公司的融资政策安排及变迁是什么，为什么会产生这种政策安排和制度变迁；然后再研究融资政策对小额贷款公司的多重绩效产生了什么样的影响，究竟是促进还是制约了多重绩效的兼顾。

对上述问题的深入研究，在宏观层面和微观层面都有深刻的理论和实践意义。在宏观层面，由于农村金融市场是不完美的、不能自发出清的，需要政府力量的介入，即利用各类规制政策推动市场向均衡点演进，但政府介入也可能导致新的失衡。本书通过研究针对小额贷款公司的融资政策，能够对融资政策做出准确、全面的评价，分析其效果和缺陷，从而对优化融资政策提供理论根据，有助于提高政府部门的工作效率；而且本书对政策的研究还可以拓展到对其他政策的效果评价，形成更一般化的认识。在微观层面上，本书具体研究小额贷款公司的多重绩效，有助于拓展和丰富公司金融理论，指导小额贷款公司的经营实践，并对小额贷款公司的多重绩效进行更有效的评价，进而推动小额信贷行业的稳定和发展，更好地发挥社会服务作用。

1.2 相关概念的界定

1.2.1 小额贷款公司

本书所研究的主体为小额贷款公司是《关于小额贷款公司试点的指导意见》（银监发〔2008〕23 号）及各省区市相关政策文件中所界定的“由自然人、企业法人与其他社会组织投资设立，不吸收公众存款，经营小额贷款业务的有限责任公司或股份有限公司”。按照银监发〔2008〕23 号文件规定，我国小额贷款公司持有一般工商企业营业执照，但根据《金融业企业划型标准规定》（银发〔2015〕309 号）文件规定，小额贷款公司被归类为“非货币银行服务类金融业企业”。因此，本书在行文中将小额贷款公司定义为正规金融机构，并据此展开相关分析。

1.2.2 融资政策

本书所探讨的小额贷款公司的融资政策，是指针对小额贷款公司融资行为的一系列政策规定，具体表现为各级金融监管部门及相关政府部门颁布的政策文件中关于融资事宜的所有条款。这些融资政策条款共同构成了我国小额贷款公司面对的融资政策安排。基于研究的需要，本书将融资政策分为约束型融资政策和激励型融资政策两种。因中央层面融资政策只包含约束型条款，故称其为约束型融资政策；地方层面进行融资政策变迁后，包含了激励型条款，故称其为激励型融资政策。

1.2.3 绩效

绩效包括结果和效率两层含义："绩"反映任务完成的数量和质量，"效"反映任务完成的效率。本书所研究绩效是指小额贷款公司制度的运行结果在不同层面上的体现，主要包括财务绩效、社会绩效和运作效率三方面。财务绩效是指小额贷款公司运用自有资金和融入资金等所有资产获取利润的能力；社会绩效是指小额贷款公司落实政策目标、服务三农和小微客户的能力；运作效率用来考察小额贷款公司制度的运作过程是否高效，具体以成本效率衡量。

1.3 研究目标与研究内容

1.3.1 研究目标

总目标：梳理我国中央和地方两级融资政策规定，界定出适用于我国小额贷款公司多重绩效的内涵，探究融资政策影响小额贷款公司单一绩效的影响机制，在此基础上分析融资政策对小额贷款公司多重绩效可兼顾性的影响。

具体目标：

第一，梳理小额贷款公司融资政策的相关内容，介绍融资政策安排及变迁的过程，结合小额贷款公司的成立背景和政策初衷，分析融资政策制定及变迁的原因。

第二，界定小额贷款公司多重绩效的概念，理论分析融资政策对小额贷款公司单一绩效的影响机制，并进行实证检验。

第三，从理论层面分析融资政策对小额贷款公司多重绩效兼顾的影响，并进行实证检验。

1.3.2 研究内容

基于以上研究目标，本书的主要研究内容如下：

文献综述首先梳理对小额贷款公司多重绩效的相关研究，然后归纳融资约束对企业经营的研究成果，最后总结政府规制及小额贷款公司监管的相关研究，并对已有研究成果进行述评，分析了不足之处，为本书研究打下理论基础。

小额贷款公司融资政策安排及多重绩效界定。首先介绍了小额贷款公司的产生背景及政策初衷，然后梳理、归纳试点开始后中央和地方层面小额贷款公司的融资政策安排，总结融资政策变迁的特点，在此基础上分析融资政策产生及变迁的原因；其次借鉴前人研究成果，结合中国小额贷款公司经营实际，将多重绩效界定为财务绩效、社会绩效和成本效率三方面；最后选择衡量融资政策和多重绩效的指标，为下文的实证分析做好准备。

融资政策对小额贷款公司财务绩效的影响基于规制经济学理论，以小额贷款公司利润函数为基础构建了数理模型，分别分析了约束型融资政策和激励型融资政策影响小额贷款公司财务绩效的作用机制，然后利用样本数据，使用固定效应模型和随机效应模型对理论假设进行了实证检验。

融资政策对小额贷款公司社会绩效的影响首先构建完全信息下的静态监管博弈模型，分析约束型融资政策对小额贷款公司社会绩效的影响机制；然后构建不完全信息下的静态监管—激励博弈模型，探讨了激励型融资政策影响社会绩效的作用机制；最后利用样本数据对理论假设进行了实证检验。

融资政策对小额贷款公司运作效率的影响基于交易费用理论，从“信号传递—治理能力—交易费用”和“资产专用性—机会主义倾向—交易费用”两条主线分析融资政策对成本效率的影响机制；然后利用随机前沿法（SFA）测算样本小额贷款公司的成本效率；最后利用样本数据对理论分析结论进行实证检验。

融资政策对小额贷款公司多重绩效兼顾的影响基于激励型融资政策，

分别分析了社会绩效、财务绩效、成本效率之间的关系，然后借助联立方程模型，研究了在激励型融资政策的影响下小额贷款公司多重绩效的兼顾性。

1.4 研究方法与技术路线

1.4.1 研究方法

（1）规范分析法。规范分析法是根据既定的价值判断设定研究问题的标准和前提，在此基础上对问题展开分析。在本书中，规范分析法主要应用于对融资政策和小额贷款公司多重绩效的界定。具体而言，是对中央和各省颁布的针对小额贷款公司的融资行为的政策条款进行规范整理，明确融资政策的具体内涵；同时将我国小额贷款公司制度安排、经营现实与前人研究理论相结合，界定出适用于我国小额贷款公司的多重绩效概念。

（2）博弈分析法。博弈论用于研究决策主体在面临彼此行为的相互影响时产生的决策问题及决策均衡问题。在小额贷款公司制度的实际运作中，小额贷款公司的社会绩效水平是监管部门的监管约束、政策激励以及小额贷款公司经营者利益导向共同作用的结果。因此，本书选择在博弈分析的框架下研究融资政策对小额贷款公司社会绩效的影响机制。

（3）多元回归模型。多元回归模型主要用于第四章至第六章的实证分析。根据第3章多重绩效的界定，分别选择财务绩效、社会绩效、运作效率作为因变量，选择融资政策变量作为主要解释变量，结合已有文献和理论分析推导结果，选择其他解释变量。

（4）随机前沿法（Stochastic Frontier Model，SFA）。随机前沿模型（SFA）是一种基于生产和成本前沿面理论的参数方程，该方法被普遍用来度量被研究主体的运作效率，所以本书选择随机前沿模型（SFA）来度量小额贷款公司制度的成本效率。其构建思路如下：

首先，确定投入和产出指标。由于随机前沿模型以柯布道格拉斯生产函数为基础构建，而且小额贷款公司的经营业务可抽象为“投入资金—产出贷款”的生产过程，因此，本书基于生产法，结合小额贷款公司的经营特点和数据收集情况，最终确定投入和产出指标，构建成本前沿模型：

$$c_i = e^{\beta_0} y_i^{\beta_y} x_{1i}^{\beta_1} \cdots x_{ki}^{\beta_k} \xi_i e^{v_i} \tag{1-1}$$

其中，c_i为厂商 i 的总成本；y_i为厂商 i 的产出，x_{ki}为厂商 i 的各项投入；ξ_i为厂商 i 的生产水平，满足$\xi_i \geqslant 1$，如果$\xi_i = 1$，则厂商 i 恰好处于效率前沿，即有最小成本；$e^{v_i} > 0$ 代表随机冲击，意味着成本前沿是随机的。

其次，对上式取对数得到可估计模型：

$$\ln c_i = \beta_0 + \beta_y \ln y_i + \sum_{k=1}^{K} \beta_k \ln P_{ki} + \ln \xi_i + v_i \tag{1-2}$$

因$\xi_i \geqslant 1$，故 $\ln \xi_i \geqslant 0$，定义$u_i = \ln \xi_i \geqslant 0$，为无效率项，反映厂商 i 距离最小成本前沿的距离，由于u_i是反向指标，因此通常对u_i取倒数，即令$CE = \frac{1}{u_i}$，为最终估计的成本效率值。CE 的取值范围是（0，1），CE 越接近1，则公司的成本效率越高。

（5）联立方程模型（Simultaneous Equations）。因为小额贷款公司财务绩效、社会绩效和运作效率之间存在相互影响，所以单方程回归模型不再适用于研究三重绩效兼顾的问题。因此，本书选择使用联立方程模型。模型的一般形式如下：

$$Profit_{it} = \alpha_0 + \alpha_1 Social_{it} + \alpha_2 CE_{it} + \alpha_3 Policy_{it} + \alpha_4 X_{it} + \delta_{it} \tag{1-3}$$

$$Social_{it} = \beta_0 + \beta_1 Profit_{it} + \beta_2 CE_{it} + \beta_3 Policy_{it} + \beta_4 X_{it} + \varepsilon_{it} \tag{1-4}$$

$$CE_{it} = \gamma_0 + \gamma_1 Profit_{it} + \gamma_2 Social_{it} + \gamma_3 Policy_{it} + \gamma_4 X_{it} + \epsilon_{it} \tag{1-5}$$

下标 i 表示第 i 个小额贷款公司，i 表示年份，$Profit_{it}$代表财务绩效，$Social_{it}$代表社会绩效，CE_{it}为运作效率，$Policy_{it}$为融资政策变量，X_{it}为控制变量，δ_{it}、ε_{it}、和 ϵ_{it}为扰动项。

1.4.2 技术路线图

根据本书的研究思路和研究内容，绘制技术路线（见图 1－1）。

农村金融供给不足
小额信贷商业化潮流
小额贷款公司制度诞生
小额贷款公司融资政策安排
小额贷款公司多重绩效
中央层面融资政策
省级层面融资政策
执行中央政策
政策变迁
颁布新政策
制度初衷：降低交易费用缓解供需矛盾
目标冲突
商业化机构利润最大化
融资政策对小额贷款公司单一绩效的影响
融资政策对财务绩效的影响机制
融资政策对社会绩效的影响机制
融资政策对运作效率的影响机制
数理模型
博弈模型
1.交易费用理论
2.测度成本效率
实证分析
实证分析
实证分析
融资政策对小额贷款公司多重绩效兼顾的影响
理论分析
联立方程模型
结论与政策建议

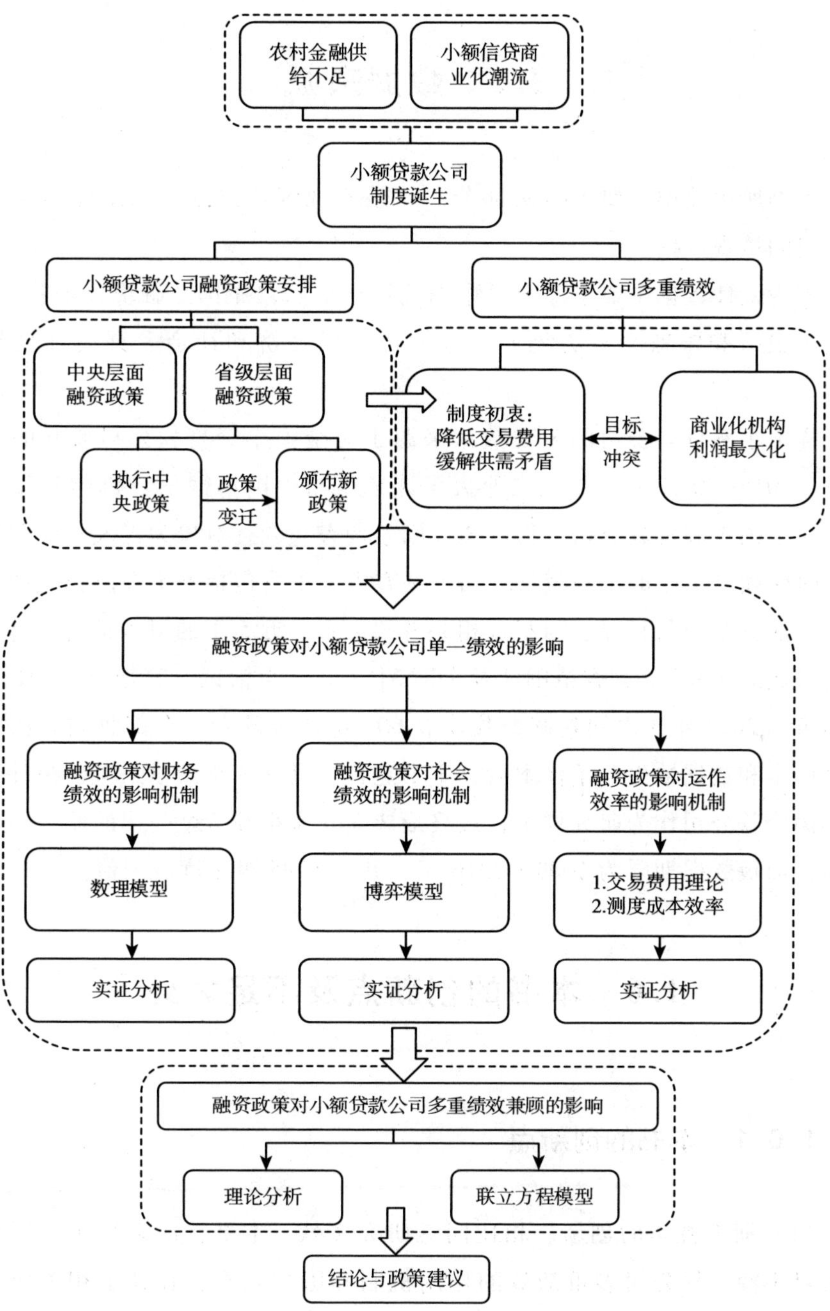

图 1－1　本书的技术路线

1.5 数据来源

本书所用数据主要包括两部分：一是宏观统计数据，二是样本小额贷款公司的微观数据。

宏观统计数据主要来源于《中国统计年鉴》、《中国金融统计年鉴》、中国人民银行和银监会官方网站、各地市国民经济和社会发展统计公报等渠道。

样本小额贷款公司的微观数据来源于对全国小额贷款公司展开的问卷调查。2015—2017 年，中国农业大学课题组与中国小额信贷机构联席会合作，对全国小额贷款公司进行了 3 次问卷调查。调查对象为正式对外营业且营业时间超过 1 年的小额贷款公司，调查内容主要包括 4 个方面：治理结构信息、业务及产品状况、与利益相关者的关系和近 5 年的财务信息（不足 5 年的自成立年起）。调查范围涉及全国 31 个省、自治区、直辖市。2015 年、2016 年、2017 年 3 次问卷调查共发放 601 份调查问卷，全部收回。在删除重复样本和数据缺失严重样本后，本书选择了具有 3 年及以上年份统计数据的小额贷款公司作为研究样本，最终形成 346 家小额贷款公司的非平衡面板数据，面板数据期限为 2009—2016 年，共计 1695 组年度观测值。

1.6 本书的创新点及不足之处

1.6.1 本书的创新点

（1）研究视角的创新。相比同类研究文献，本书首次系统研究了融资政策对小额贷款公司多重绩效的作用机制和影响效果，弥补了相关研究的不足。随着普惠金融在我国的逐渐推广，小额贷款公司的经营发展一直是学术界关注的重点。以往学者们主要从小额贷款公司内部出发研究与其经营相关的影响因素，但较少从外部出发研究政府政策对小额贷款公司经营的影响，特别是相关实证分析较少。而本书则首次系统研究并实证分析了融资政策影响绩效的作用机制及效果，弥补了相关研究领域的不足。

（2）研发方法的创新。与以往研究相比，本书基于激励性规制理论、博弈论和交易费用理论系统研究了融资政策对小额贷款公司多重绩效的影响机制，研究结论更有说服力。本书首先基于激励性规制理论和利润函数构建了数理模型，研究了融资政策对财务绩效的影响机制；然后结合激励性规制理论和博弈论，构建了监管部门和小额贷款公司的博弈模型，分析了融资政策对社会绩效的影响机制；最后基于交易费用的视角，分析了融资政策对成本的影响机制。在此基础上，结合以上三部分的理论分析，讨论了融资政策对多重绩效兼顾的影响。此外，本书利用随机前沿方法（SFA）衡量了小额贷款公司的成本效率，对制度的运作效率展开评价，拓展了相关理论在中国农村金融研究领域的应用。

（3）完善了对小额贷款公司绩效的评价体系。已有文献对小额贷款公司绩效的评价多从财务绩效和社会绩效两个方面展开，并考虑兼顾双重目标，但这两个目标只反映了绩效的数量和质量，并不能反映小额贷款公司完成任务的效率。而研究小额贷款公司运作效率的文献也多是单独对其展开评价，少有学者考虑效率与其他目标的兼顾性。本书将小额贷款公司的多重绩效界定为财务绩效、社会绩效和运作效率三方面，将其纳入同一个框架进行探讨，不仅考察了小额贷款公司绩效的数量和质量，还同时考察了目标达成的效率，完善了对小额贷款公司绩效的评价体系。

1.6.2　本书的不足之处

本书基本完成预定研究目标，但限于研究数据、研究方法等主客观因素，仍有一些不足之处：

（1）样本数据的来源不足。由于 2014—2016 年每年度参与问卷调查的小额贷款公司数量存在差异，本书只能构建非平衡面板数据，虽然在实证中采用固定效应模型加稳健标准误和联立方程模型等方法，但仍难以完全克服数据结构带来的问题。此外，囿于课题运作问题，本书所用数据截至

2016年年底，未包含2017年和2018年两年数据，面板数据的时间跨度存在一些不足，难以完全体现融资政策的影响。

（2）对各省融资政策的差异性研究不足。由于各省颁布的融资政策条款存在差异，表明不同省区政府对小额贷款公司的监管态度可能存在一定区别。因此，本书虽然对各省区融资政策进行了梳理和总结，但受限于研究材料和研究方法，可能对融资政策的差异性考虑不足，存在一定的纰漏。

第 2 章

文献综述

本书的研究主体是融资政策和小额贷款公司的多重绩效，文献综述也将围绕这两方面展开。由于融资政策是政府对小额贷款公司融资行为规制的结果，故本章将梳理政府规制与小额贷款公司监管的有关研究成果；而且融资约束是融资政策施加给小额贷款公司的重要限制，对其经营有显著的影响，所以关于融资约束和企业经营的相关研究同样是本书参考文献的重要组成部分。综上所述，本章将从“小额贷款公司多重绩效及权衡”“融资约束与企业经营”“政府规制及小额贷款公司监管”等方面对已有文献进行梳理，并作出适当的评述。

2.1　小额贷款公司多重绩效及权衡

2.1.1　小额信贷机构多重绩效的概念

20 世纪 70 年代，Yunus 在孟加拉国开始试点小额信贷项目，成为近代小额信贷运动的开端。小额信贷项目的出现不仅受到社会各界的广泛关注，还被视为扶贫的重要手段，在世界范围内流行开来。在过去的 40 多年里，小额信贷的运作模式不断创新，运行小额信贷的组织和机构也朝着多元化方向发展，经营小额信贷项目的机构包括信用合作社、非营利性小额信贷机构（NGO）、小额贷款公司、经营小额信贷项目的银行和其他非银行金融机构等多种类型。根据小额信贷的产生背景和实际运作角度出发，小额信贷的目的是长期、持久地向被传统金融机构所排斥的人群提供金融服务[7-8]。这种定义包含两个方面的内容：一是小额信贷以贫困人群为服务对象，二是小额信贷要持续、长久地为目标人群提供服务。因此，这构成了小额信贷机构经营的双重目标——覆盖面和可持续性，或称之为“社会绩效”和“财务绩效”。

现有研究普遍认为小额信贷机构的经营绩效均应包含“覆盖面”和“可持续”两方面，但根据对双重目标侧重的不同，小额信贷被分为福利主义和制度主义两类。福利主义小额信贷是基于信贷补贴理论发展起来的传统模式，其拥护者认为对目标客户的覆盖比财务可持续性更重要，实现成本补偿的市场化运作方式会使小额信贷机构抛弃穷人客户[9]，原因在于补偿全部经营成本将推高小额信贷机构的贷款利率，使低收入者难以承受，无法享受到信贷平滑消费、增加生产的福利[10]。因此，小额信贷机构应该追求补贴式贷款资金，将其直接借贷于穷人以使他们获益。然而，按照福利主义运作的小额信贷机构失败率较高，对贫困人群的覆盖率也多有不足，为达到机构追求的目标。相比之下，制度主义小额贷款更加注重机构的可持续发展能力，从而逐渐成为小额信贷领域的主流观点。制度主义小额信贷要求小额信贷机构同时实现两个目标：一是较大规模地服务于目标人群并帮助他们获益，二是同时实现服务机构自身在组织和财务上的可持续发展[10-13]。在此基础上，制度主义小额信贷又可以分为公益性小额信贷和商业性小额信贷两个分支[14]。公益性小额信贷更侧重于覆盖面，以穷人为主要目标客户，商业性小额信贷则将目标客户定位于更广泛的群体，包括企业在内，并以追求利润为主要或重要目标[14]。但无论采用哪种定义，社会各界均普遍认可小额信贷机构的目标应包含可持续和覆盖面两方面。如果抛弃可持续只追求覆盖面会使小额信贷蜕变为补贴性信贷，这种模式已经被证明是失败的；如果脱离覆盖面只追求可持续很容易使小额信贷机构完全以利润为导向，抛弃应该承担的社会责任，背离机构设置的初衷。

对于覆盖面和可持续的衡量，已有研究基本达成一致结论，一是将从服务深度和服务广度两方面来衡量覆盖面，二是用资产负债率和净资产负债率来衡量可持续。Schreiner 总结了覆盖面包含的六方面内容——价值、成本、深度、广度、长度和多样性[15]。价值是指客户的支付意愿；成本是指价格成本和交易成本的综合；深度是指社会重视指定客户的价值；宽度是指客户的数量；长度是指金融机构提供服务的时间跨度（存续时间）；多样性则是提供金融服务的种类，包括存款、贷款等多种服务。但在研究过程中，国内外学者普遍对覆盖面的内涵进行了简化，通常只考虑深度和广度两个方面，并多以“单笔贷款的平均额度/当地人均 GDP”的比值来表达服务深度，该指标越低说明小额信贷机构的服务深度越深；服务广度一般采用发放贷款的户数衡量，该指标越高，说明小额信贷机构惠及了更多受正规金融排斥的人群。这两个指标便是业界常用的衡量小额贷款机构社会绩效的标准。可持续性即小额信贷机构的生存能力，体现为业务收益能够弥补经营成本，实现商业的可持续性，具体可分为财务可持续和机构可持续两方面。财务可持续性是指机构的利息和费用收益能够覆盖经营成本，这表明机构不必完全依赖于捐赠资金或者捐助；机构可持续表现为机构发展、有效提高服务的能力，这取决于机构的类型、治理结构、管理架构、人力及管理信息系统等方面。Yaron 提出的补贴依赖指数（Subsidy Dependence Index，SDI）是衡量小额信贷机构可持续性的一个综合指标，即机构当年获得补贴额与当年利息收入的比值来表示[16]。但这一指标过于简单，无法全面、动态地反映小额信贷机构的经营状况，因此很少被采用。此外，世界银行扶贫协商小组（CGAP）和小企业教育促进会（SEEP）对小额贷款公司可持续性指标进行了具体化。在 CGAP 指标体系，小额信贷机构可持续性包括三方面，即盈利能力、运行效率和贷款质量。其中，盈利能力指标中最主要的两个指标是操作自负盈亏率（Operational Self - sufficiency，OSS）和财务自负盈亏率（Financial Self - sufficiency，FSS）。OSS 反映小额信贷机构能否获得足够的信贷收益以抵付经营费用、贷款损失准备金和资金成本等直接成本，但不包括调整过的资金机会成本。FSS 则反映信贷收益能否覆盖直接成本和调整过的资金机会成本。运行效率包括业务效率、从业人员人均有效客户数量等指标。贷款质量包括风险贷款率、贷款损失类等[17]。SEEP 的指标体系与之相似，包括财务持续性，以运营资产利润率、资金机会成本率等指标衡量；运行效率以贷款平均成本、从业人员人均业务量等指标衡量，业务质量以贷款损失类准备金率等指标衡量。由此可见，小额贷款机构的可持续性目标都包含盈利能力、运行效率和贷款质量。不过，基于数据可得性的考虑，多数学者在考察可持续时多以资产负债率（ROA）和净资产负债率（ROE）等指标来代替 OSS 和 FSS[18-19]。

此外，部分学者认为小额信贷机构的多重绩效还应包括运作效率，即考察小额贷款公司能否实现资源和风险的有效配置。已有研究主要从两个角度展开。一是不同小额贷款公司之间的效率差异及其影响因素，Gordana 以 1003 家小额信贷机构为样本，发现机构性质、贷款利率、融资的可获得性和宏观经济水平是影响小额信贷机构效率的主要因素[20]。Abdul 和 Munir 测算了巴基斯坦、孟加拉国和印度三国微型金融机构的运作效率，发现技术问题是造成效率普遍低效的主要原因[21]。Ben 研究发现，机构规模对微型金融机构效率有显著影响[22]。Hassan 研究发现，正规小额信贷机构的运营效率高于非正规机构[23]。Hermes、Ahlin 等认为金融深化程度的增加能够提高小额贷款公司的成本效率[24-25]。杨虎锋和何广文利用 DEA 模型测算了小额贷款公司的生产效率，发现纯技术效率较低是导致中国小额贷款公司整体效率水平低下的主要原因，但中国小额贷款公司多处于规模报酬递增阶段，扩大规模有助于提高小额贷款公司的效率，且生产效率随成立时间增长呈“U 形”变化[26]。董晓琳、高瑾利用 DEA 模型测算了小额贷款公司的运作效率，并用 Tobit 模型分析了影响其效率的因素，发现资金规模、贷款利率正向影响小额贷款公司的运作效率，平均贷款额度与运营效率之间存在“倒 U 形”关系[27]。

总体来看，国际社会主流观点普遍认为小微信贷机构应当具有多重绩效目标，并且制度主义者提出的“财务可持续是小微信贷机构扩大对贫困人群覆盖面基础”的观点在研究和实践领域中均占据主导地位。

2.1.2 小额信贷多重目标的权衡

新世纪以来，越来越多的小额信贷机构走向商业化之路，开始向银行乃至资本市场进行融资[28-29]。原因在于商业化能够吸引更多的私人资本进入小额信贷领域，既增强了机构的治理能力，也改善了机构的财务可持续性，促进机构更好地为弱势群体服务[30-31]。然而，在实践中部分走向商业化道路的小额信贷机构将目标人群偏向相对富裕的人群或企业，甚至放弃农村，在城市开展业务，引发了对商业性小额信贷机构的广泛质疑[32-36]。因此，对于商业性小额信贷机构能否兼顾覆盖面和财务可持续的多重目标，又成为社会各界关注的焦点问题，但现有研究对此问题尚未达成一致结论。

一些学者认为，商业性小额信贷机构难以惠及低收入人群，覆盖面和可持续两个目标之间存在着替代关系。在国外研究领域，Mosley 和 Helmes 通过对比分析发现，当小额信贷机构以贫困线以上的人群为目标客户群体时可以更好地实现机构的可持续性[37]。Olivares、Makame、Murinde 以及 Hermes 等分别证实，随着竞争压力的加大，商业化小额信贷机构的双重目标难以同时实现，两者存在替代关系[24,38-39]。另外一些学者从理论上分析了商业性小额信贷机构双重目标不能兼顾的作用机制。Copestake 研究表明，小额信贷机构的商业化将导致其更加关注盈利能力，因而降低对覆盖面目标的重视[40]。Ghosh 和 Tassel 构建了委托代理模型，发现追求盈利的捐助者的进入会促使小额信贷机构更加关注条件更好的客户，偏离那些低收入的客户[41]。Armendáriz 和 Szafrz 建立动态博弈模型发现，小额信贷机构偏离最大化覆盖面目标的主要原因并不是最小化交易成本，而是不同客户交易成本的差异以及不同目标间的相互作用所导致的[42]。国内研究学者多将小额贷款公司服务群体非农化、贷款金额趋大化的现象称之为“使命漂移”或“目标偏移”，认为这是小额贷款公司覆盖面和财务可持续不能兼顾的表现，并对此现象展开了研究。李明贤和周孟亮通过构建理论模型，分析了小额贷款公司目标漂移的发生机制，发现扶贫的高成本和对经济收益的追求是目标偏移出现的主要原因[2]。杜晓山和聂强构建了监管部门与小额贷款公司博弈框架，发现将客户群定位于城镇和农村中上层客户符合小额贷款公司利润最大化要求，从而导致小额贷款公司在经营中表现出“进城弃乡、嫌贫爱富、垒大弃小”的特点[3]。孙良顺和周孟亮以江浙两省小额贷款公司为样本，验证了我国小额贷款公司存在“使命漂移”，主要表现为贷款额度趋大化、贷款对象非农化、贷款利率升高和贷款期限缩短等特点[5]。张龙耀等研究发现，在现有的融资杠杆率约束下，小额贷款公司难以实现兼顾覆盖面与可持续目标[19]。总体而言，国内学者的研究表明，造成我国小额贷款公司使命漂移的原因主要有以下几点：第一，我国金融牌照的稀缺性使金融企业可以获得一定的垄断利润，使得部分民间资本成立小额贷款公司的首要目标是追求高收益，并非是支持“三农”等弱势群体，盈利动机的存在导致小额贷款公司偏向于服务高收入群体，造成发展路径与政策定位有所偏离[2,5]。第二，小额贷款公司运行模式不规范、治理效率低效等缺陷推高了经营成本和经营风险。为了弥补高成本和高风险，经营者会倾向于提高贷款利率水平和发放大额贷款，导致信贷供给与小微客户的需求不匹配[18]。第三，对小微客户及小额贷款概念的界定不清晰。实践中“小额贷款”只是一个相对的概念，在不同地区和不同经济环境下应该是不同的[43]。概念的界定不清一方面使经营者在实践中偏离政策初衷，另一方面也导致现有的评价体系难以对小额贷款公司的绩效表现作出正确评价[44]。因此，从以上三个角度分析，商业性小额贷款公司难以兼顾覆盖面和财务可持续的双重目标，容易出现“使命漂移”的现象。

另有部分学者研究发现，商业性小额信贷机构可以兼顾双重绩效目标，即在保证机构可持续发展的前提下有效缓解低收入人群的融资难问题。Christen 等研究发现，商业化倾向能引导更多的资金进入小额信贷领域，为服务更多的穷人创造条件，并且商业化竞争提高了小额信贷机构的运作效率，能够兼顾覆盖面与可持续的双重目标[45]。Gonzalez - Vega 等发现，在覆盖面方面表现最好的小额信贷项目恰好是在财务可持续性方面表现最好的[46]。Merland、Strom 和 Quayes 分别使用不同样本证明了小额信贷机构的双重目标间不存在替代关系[47-48]。何广文等以山西永济富平小额贷款公司为案例，发现小额贷款公司具备本土化、信息充分等经营特征时，能够同时实现财务绩效和社会绩效目标[43]。杨虎锋和何广文利用 42 家小额贷款公司的数据，实证发现小额贷款公司能够实现双重目标的兼顾，但信贷技术、营业费用率和地区经济水平等对贷款覆盖深度有显著影响[4]。卢亚娟和孟德锋以江苏省 57 家小额贷款公司为样本，验证小额贷款公司能够兼容财务可持续和支农目标，支持民间资本进入金融服务业，是提高支农效果的有效手段[49]。胡金焱和梁巧慧利用山东省小额贷款公司的经营数据，实证证明了小额贷款公司在经营中可以实现资产收益性、资本安全性和覆盖面等多重目标的兼顾，且多重目标之间不存在替代关系[17]。何婧等研究发现，当小额贷款公司的董事会与政府存在高关联性时，能够兼顾资产利润率和覆盖面的双重目标；但董事会独立性减弱时，公司难以兼顾双重目标[50]。

此外，除了双重目标之外，部分学者认为小额贷款公司还应该兼顾运作效率的目标，但已有实证研究并未达成一致结论。Cull、Hermes 等研究表明，小额贷款公司的运作效率与社会绩效目标之间存在权衡关系[1,24]。Annim 将小额贷款公司的运作效率进一步拆分成财务效率和社会效率，发现金融深化只改善了财务效率，并未影响社会效率，而社会绩效的提升只对社会效率产生了正向影响，对财务效率则是反向影响[51]。刘志友等利用 SFA 模型测算了小额贷款公司的成本效率并研究了相关影响因素，发现金融发展对小额贷款公司成本效率有负向影响，支农广度目标与成本效率是正向关系，支农深度目标与成本效率之间是负向关系，融资结构的改善则有助于提升其成本效率[52]。

因此，随着商业化趋势的加深，小额信贷机构能否兼顾多重绩效目标，仍是一个需要继续探讨和实证的问题。

2.2　融资约束与企业经营

由于不能吸纳存款，股东注资和融入资金是小额贷款公司的主要资金来源。然而，中央层面融资政策的融资政策将小额贷款公司的融资杠杆率限制在 50%，部分省区对融资杠杆率上限虽有所提升，但小额贷款公司实际上仍面临严重的融资约束，这将显著影响小额贷款公司的经营选择。由于直接研究融资约束对小额贷款公司经营影响的文献较少，本书从融资约束与企业经营的角度梳理相关文献，为本书的研究寻找理论基础。

MM 理论认为，如果资本市场是完美的，那么企业内外部融资成本将无差异，企业的资本结构便与公司的市场价值无关。但是，MM 理论建立在无税、无经营成本、无代理成本、信息对称等严格假设的基础上，实践中企业的外部融资成本通常高于内部融资成本，使得企业由于资金不足而不得不放弃一些净现值为正的项目，无法最大化企业价值。当内外部融资成本差异越大时，这种融资约束作用就越明显。Fazzari、Hubbard 和 Petersen（FHP）在 1988 年首次对融资约束现象进行了实证研究，他们发现，由于现实中资本市场是不完善的，企业的投资行为一定程度上依赖于内部现金流，当融资约束越强时，对内部现金流的依赖性越强，即企业投资与现金流之间存在显著的相关性[53]。此后，众多学者对融资约束现象进行了更深入的研究。虽然学者们的研究结论不尽相同，但大多数学者都认为各种类型的企业普遍面临着融资约束，这意味融资约束是企业面临的一种基本环境，企业的各种经营决策都会受其影响。对于融资约束如何影响企业的经营选择，并未形成一致结论，学者们主要从以下两方面展开。

一是围绕融资约束强度、企业内源资金（现金流）敏感性与投资选择之间的关系展开研究。一些学者认为融资约束强度和企业投资—内源资金敏感性之间存在线性关系，但对于作用方向，学者们得出了不同的结论。一些学者认为，企业面临的融资约束程度和企业投资—内源资金敏感性正相关，所以当面临较强的融资约束时，企业的投资获得将更倚重内源资金[53-54]。王彦超研究融资约束政策对现金持有政策的决定作用，并考察了融资约束能否降低现金的代理成本，发现融资约束显著影响企业的财务政策[55]。郭丽虹和马文杰以沪深上市的制造业企业为样本，比较了融资约束强弱不同的企业投资与现金流的关系，发现随着融资约束程度的加深，投资对现金流量敏感度呈正向关系[56]。李科和徐龙柄发现融资约束的缓解提高了公司的负债能力和投资能力，其经营业绩也得到大幅增长[57]。张巍巍研究表明，较低的融资约束使得企业更容易进入资本市场筹集所需资金，进而把握有力的投资机会[58]。另外一些学者认为，企业受到的融资约束强度与企业投资对于内源资金敏感性负相关，即融资约束较弱的企业，投资决策对于内源现金流具有更强的敏感性[59-60]。也有学者得出了非线性的结论。何青和王冲考察了不同市场条件下融资约束及现金流对企业投资行为的敏感性，发现竞争越激励的行业中企业的投资规模越大，但不同竞争程度下融资约束对企业投资行为的影响程度不尽相同[61]。屈文洲等以信息不对称作为融资约束的代理变量，研究发现信息不对称与公司投资支出负相关，与投资—现金流敏感性正相关，但信息不对称导致的融资约束与投资—现金流敏感性的关系是非线性的[62]。此外，部分学者将金融市场不完全的条件引入异质性企业贸易理论，研究融资约束的缓解对贸易企业出口能力的提升效应和作用机制，并利用宏微观数据进行了验证[63-65]。

二是从代理成本的角度分析融资约束对企业经营者的影响。在现代企业制度下，企业的所有权和控制权分离，企业所有者（委托人）和经营者（代理人）之间存在利益冲突，产生了代理成本，即第一类代理问题。然而在实践中，多数企业的股权并不是分散的，而是相对集中或高度集中，企业实际控制人往往是控股股东，代理问题主要表现为控股股东和中小股东的利益冲突，即第二类代理问题。因此，企业在现实中存在着全体股东与经营者之间以及中小股东和控股股东之间的双重代理问题。此时，融资约束作为外部制约机制，将对企业实际控制者（经营者或控股股东）产生影响。部分理论和实证研究表明，融资约束能降低企业实际控制者的风险投资倾向，从而改善企业绩效。理论研究方面，根据“堑壕效应”理论，当控股股东能以较小的股份获得更大的控制权时，企业所有权和控制权的分离程度较大，控股股东会倾向于投资高风险、高收益项目，以牺牲中小股东乃至外部债权人的利益从而追求自己的利益最大化；但面临较强的融资约束时，企业的两权分离程度较低，控股股东难以将风险分散给中小股东及外部债权人，导致其风险投资倾向有所减弱[66-68]。此外，根据“代理人风险规避假说”，当企业面临融资约束时，经理层为了保持自身职位和个人利益最大化，会表现出更多的风险规避行为，倾向于选择谨慎保守的财务决策[69-71]。实证研究方面，Denis发现，当融资约束导致企业可用资金不足时，经营者被迫保持谨慎的投资态度，尽可能追求高收益的项目[72]。Denis和Sibilkow（2007）研究证明了融资约束可以降低代理成本，抑制管理层的过度投资行为[73]。Badia和Slootmaekers研究发现，相对于没有面临融资约束的企业，存在融资约束的企业更有动力去减少低效率的投资行为，从而改善经营业绩[74]。王彦超通过构建融资约束的分析框架，发现存在超额持有资金时，无融资约束的企业容易过度投资，而面临融资约束的企业没有明显的过度投资倾向；并且在弱投资保护国家，融资约束能够起到治理效果，即通过约束企业的融资政策和财务行为可以降低风险投资倾向[58]。

2.3　政府规制及小额贷款公司监管

2.3.1　规制理论与金融监管

协调好政府与市场的关系，是市场经济体制下政府始终面对的重大理论和现实问题。根据西方经济学理论，政府可利用宏观经济政策和政府规制两种方式干预市场。其中宏观经济政策主要应对短期经济总量失衡，追求逆周期的短期经济效果；而政府规制主要应对微观市场失灵，追求长期持续性经济效果[75]。规制是指政府对经济活动所进行的某种直接的、行政性的规定和限制。规制理论主要关注的是为什么要进行规制、规制代表谁的利益、哪些产业易受到规制和如何规制等问题[76-77]。

随着经济现实的不断发展，规制理论的研究主题经历了“市场失灵与政府的矫正措施—检验规制政策的效果—寻求规制政策的政治原因—规制中的激励问题—市场失灵与规制范围的扩展”五个层次的更迭。相应地，规制理论也经历了公共利益规制理论、规制俘获理论、激励型规制理论和社会规制理论等发展阶段[77]，其中前两个阶段被称为传统规制理论，后两个阶段被称为新规制理论[78-79]。传统规制理论更多地是解决规制产生的原因与目的这样的理论问题。公共利益规制理论的基本观点是由于存在市场不灵等现象，因而需要政府通过规制手段去纠正市场，以实现社会福利的最大化。其观点和结论建立在“政府以追求社会利益最大化为日的”和“政府拥有完全信息”两个强假设的基础上。规制俘获理论则弱化了“政府追求社会利益最大化”的假设，认为规制行业中存在利益集团，政府会被其“俘获”和影响，因此政府规制目标是在考虑集团利益目标的约束下追求社会利益最大化，是在限制条件下的次优选择。随着对第二个假设的放松和拓展，新规制经济学由此发展起来[80]。新规制经济学的研究重点集中于为政府规制政策提供理论指导，其最大的创新点是引入了委托代理的分析框架，进而从激励视角分析信息不对称条件下的政府规制问题。在新的分析框架中，新规制经济学利用委托代理理论描述对规制者和被规制企业的目标约束、信息结构和可选工具，在此基础上分析双方的决策行为和最优权衡，更接近于政府在现实中面临的约束条件，进而为设计最优的规制政策提供理论指导[75]。具体而言，新规制经济学把国家或规制机构定义为委托人，将规制企业定义为代理人，代理人的信息优势和策略性行为构成激励型约束，而委人和代理人就是在这种激励型约束下进行社会福利最大化。因此，在新规制经济学的理论框架下，规制问题实质上是在不完全信息条件下的最优控制问题[78,81]。

金融监管是政府对金融领域的规制。为了弥补金融市场势力、维护金融市场稳定、防范金融风险，政府以出台法律、法规为主要手段，以行政干预为辅助手段，对微观金融主体进行引导、规范和约束。金融监管属于政府的直接规制，并且是一种混合型的直接规制，金融监管的市场准入和退出规制、业务范围规制等属于直接规制中的经济性规制，而金融监管中的金融服务质量、范围等规制属于社会性规制[82-83]。对于为什么要监管金融机构、应该如何监管金融机构在学术界并没有达成共识。规制经济学对金融监管的原因、必要性及监管目标的解释，主要建立在新古典微观经济学理论之上，特别是市场失灵理论和信息经济学理论。该理论认为，政府开设金融机构是为了增加公共福利而对市场低效率的一种反应，是为了纠正金融市场垄断性、外部性、脆弱性等引起的市场失灵问题做出的制度安排。20 世纪 30 年代，金融监管的主要目标是解决金融危机问题，维护金融机构的稳定是金融机构的单一目标[84]。20 世纪 70 年代，随着公共利益理论和信息不对称问题的提出，金融监管以保护消费者和公众利益、维护公平性为目标。随着金融自由化和全球化浪潮的兴起，金融监管的效率性目标被公共认可。此后，随着规制理论的进一步发展，金融机构目标分为“稳定”“效率”和“公平”三个方面，这一观点也被学界和业界普遍接受和认同[85-87]。

综上所述，政府进行金融规制的主要目标是通过对金融机构、金融工具的监管，以实现金融稳定，促进经济发展，增加社会福利。

2.3.2　小额贷款公司监管研究

对于我国小额信贷公司的政府监管，已有研究集中在小额信贷机构的监管原则、监管主体以及对现有监管制度的评价等方面。

在小额信贷机构的监管原则方面，学者们争论的焦点是采用审慎监管原则还是采用非审慎监管原则，且尚未达成一致结论。由于不同的金融机构面临不同的风险，所以针对不同的金融机构需要采取不同的监管政策[88]。相比于银行类金融机构，小额贷款公司不能吸纳存款，多以自有资金和融入资金进行业务运行，其面临的风险状况与银行不同；而且从实践中可以发现，在现行的审慎监管制度框架内，正规金融机构往往不愿从事小额信贷，这从侧面反映出审慎监管政策可能会降低信贷机构从事小额信贷业务的动力，因此针对小额信贷机构应该采取非审慎监管[45,89-90]。但也有一些学者认为应该针对小额信贷机构采取审慎监管政策[91-93]。然而，我国针对小额贷款公司的监管原则同时融合了审慎监管和非审慎监管的部分原则，存在政策监管原则边界不明确的问题。因此针对小额信贷机构的监管原则，尚未达成一致[93-94]。

对于小额贷款机构的监管主体，已有研究没有形成统一的意见。Ravicz研究了印度尼西亚的五个小额信贷组织后认为，应该有中央银行设立监管机构或由央行选取合适代理人加强对小额信贷的监管，也可以借鉴商业银行成熟的监管模式来加强对小额信贷机构的监管[96]。由于我国实行的是“中央—地方”的二级分层监管模式，所以学者多对二级分层监管模式的有效性展开评价[19,95]。罗欢平认为，现有二级监管模式的有效性较强，基于小额贷款公司的金融机构特征，应该将其纳入银监会主导的监管体系[95]。周孟亮和李俊认可现有的二级分层监管模式，但指出其仍存在监管主体不明确、监管手段不健全的缺陷，这会直接影响小额贷款公司发展前景，因此应该采取非审慎监管模式，发挥行业自律监管作用[90]。

此外，现有研究更多地是对现有监管政策展开评价，考察其是否适合小额贷款公司，能否促进小额贷款公司的发展及实现监管政策目标。较多学者认为，当前的监管政策不太适合小额贷款公司的发展，对其造成了一定的制约。杜晓山和聂强（2010）构建了监管部门和小额贷款公司的博弈框架，发现政府对小额贷款公司的监管以防范金融风险为中心，并利用江苏省的监管实践进行了案例证明；同时提出应该实行差异化补贴、放宽融资比例限制等政策，以提高小额信贷公司监管的绩效[3]。巴曙松等认为，现有针对小额贷款公司的监管主体不具备专业性，在监管工具和监管经验上也相对欠缺，需要进一步的规划和设计[97]。刘曦彤研究表明，根据现有监管政策的实施结果来看，部分监管政策规定的尺度并不合理，特别是融资政策对小额贷款公司施加了严重的融资约束，制约了规模经济的产生[98]。张龙耀等（2016）研究了融资杠杆监管对小额贷款公司双重绩效实现的影响，发现在融资杠杆监管的约束下，小额贷款公司无法兼顾双重目标，并且融资杠杆率监管不仅降低了小额贷款公司的覆盖面，也损害了可持续能力。在面临融资约束时，小额贷款公司倾向于提高贷款集中度、贷款额度等，以追求更高的利润，但这可能会产生较大的潜在风险[19]。

2.4　本章小结

以往研究基本小额贷款公司多重绩效、融资约束、政府规制和金融监管等方面，为本书研究提供了有价值的理论参考。通过对已有研究成果的梳理，我们发现了以下不足。

第一，已有研究对于小额贷款公司多重绩效的概念及衡量指标未达成统一意见。关于小额信贷机构的经营目标，学术界主要从可持续和覆盖面两个角度来分析，而以往学者研究时普遍以 ROA、ROE 来替代可持续指数，以覆盖深度和覆盖广度来表达覆盖面，但并不能完全反映我国小额贷款公司的绩效表现。一方面，我国小额贷款公司主要以自有资本经营，资本的主要来源是民间资本。由于民间资本进入金融业的基本目标是追求利润，而小额贷款公司是经营风险的机构，因此资本的安全性也是经营者所关注的重要指标，这也是保证机构财务可持续的一个基础。另一方面，在利润最大化目标的指引下，运作效率也是经营者所关注的重要指标。因此，本书将在参考前人研究的基础上，重新定义我国小额贷款公司多重绩效，并构建相应的衡量指标。

第二，已有研究对小额贷款公司监管政策的分析角度不全。总结前述研究可知，学者多是对小额信贷机构的监管原则进行探讨，并且没有达成一致的结论。而对于融资政策影响小额贷款公司多重绩效实现的作用机制和实证分析较少，特别是政府如何对小额贷款公司进行规制以及对现有规制政策进行优化。因此，本书将从政府规制的角度出发，研究政府规制和融资政策影响小额贷款公司绩效的作用机制及效果，从而对现有政策进行优化改进。

第三，现有文献对小额贷款公司融资约束的研究不足。以往学者在研究融资约束程度时多关注上市企业和非金融工商企业，对于非上市银行和一般金融机构的关注较少，研究小额贷款公司融资约束的直接文献则更少。因此，以往的许多研究结论不能直接应用于小额贷款公司上。所以，本书将基于以往融资约束理论的研究成果，结合小额贷款公司特点和所面临的市场环境，重新构建适合于小额贷款公司融资约束模型，从而分析融资约束对小额贷款公司经营的影响。

第四，已有研究对于小额贷款公司多重绩效的兼顾性并未达成一致结论，对影响因素的研究角度也不完全。虽然以往学者对于小额贷款公司多重绩效能否兼顾进行了大量实证研究，但已有研究多是考察目标因素对单一绩效的影响，并没有综合考虑目标因素对多重绩效同时兼顾的影响；而且学者们多从小额贷款公司经营的内部条件出发进行研究，较少有学者从外部条件出发研究政府规制政策对小额贷款公司经营的影响，相关的实证分析也罕见。但是，随着环境的变化，规制政策和融资约束对小额贷款公司的影响越来越强，这对以往的研究结论提出了挑战。因此，在研究小额贷款公司多重绩效的兼顾性时，需要考虑规制政策和融资约束的影响。

第 3 章

小额贷款公司融资政策安排及多重绩效界定

从理论上讲，金融制度是一种节约交易费用与增进资源配置效率的制度安排。制度安排的结果取决于制度供给和制度需求。我国的金融制度结构是国家主导的“二重结构”，所以金融制度的供给往往首先遵循的是上层结构（国家）的偏好，即制度供给者会根据期望达到的目标来设计初始的制度供给[99]。从 2008 年中国银监会、人民银行发布《关于小额贷款公司试点的指导意见（实行）》（银监发〔2008〕23 号），到各省、自治区、直辖市发布小额贷款公司的试点意见和管理办法，各份政策文件中针对融资行为的政策条款构成了对小额贷款公司的融资政策安排。这项制度安排的产生及变迁无不体现着制度供给者通过制度安排影响经济发展的思想。因此，本章首先分析小额贷款公司产生的背景及政策初衷，然后介绍小额贷款公司的融资政策安排及其变迁，并在此基础上分析小额贷款公司融资政策变迁的原因；最后根据研究需要，构建表示融资政策的虚拟变量，同时通过界定小额贷款公司多重绩效的内涵，选择测量多重绩效的合适指标，为下文展开实证研究做准备。

3.1　小额贷款公司的产生背景及政策初衷

3.1.1　小额贷款公司的产生背景及原因

改革开放之后，我国经济发展突飞猛进。然而，随着生产力和人民生活水平的大幅提升，城乡发展不平衡、贫富差距拉大等问题越发突出。与此同时，随着农村经济制度的变革，农村金融制度供给与需求之间的非均衡状态愈发严重，这为小额贷款公司的产生提供了现实背景。

（1）农村地区的金融抑制政策不再适合经济发展需要。出于国家全盘利益的考虑，在计划经济时期，优先发展城市和工业的经济战略在资本稀缺的条件下内生了金融资源配置上偏向城镇的制度设计，因此政府在农村长期执行金融抑制政策，对金融机构实施严格的准入门槛，并限制民间金融活动，将农村金融制度作为满足城市发展资金需求的渠道[100]。在渐进式改革时期，为了避免通货膨胀以及为整体经济转轨提供金融支持，农村金融制度实质上所承担的主要功能仍是在满足农村金融基本需求的基础上，为城镇经济提供金融支持[101]。然而，随着我国非国有经济部门实力的增强，继续采取金融抑制政策的基础已不复存在。一方面，长期实施的金融抑制政策造成城乡差距和贫富差距持续加大，导致“三农”问题成为制约我国经济发展的重要问题；另一方面，随着改革开放的进一步推进，家庭联产制的实行和推广、乡镇企业和农村私营企业的兴起客观上推动了农村经济的变革，使得非国有经济部门在不与国有经济争夺金融资源的条件下获得了高速增长[101-102]。农村经济的发展使得我国经济制度出现结构性的变化，继续实施金融抑制政策以扶持城镇经济发展将导致农村金融制度供给过剩，所以变革农村金融制度成为促进农村经济发展的应有之举。

（2）县域金融机构大幅减少，基层金融体系出现空白。1997 年，中央金融工作会议做出“各商业银行收缩县（及以下）机构，发展中小金融机构，支持地方经济发展”的决定，导致各大国有银行大量撤并县级及以下业务网点，使农村金融体系大幅度萎缩。1999 年，为整顿农村金融秩序，国家全面清理了农村合作基金会，加强了对民间金融的限制，大力打击非正规金融活动。随着国有商业银行的撤出和民间金融活动的衰落，农村信用社成为农村金融的主要供给者，甚至在某些地区成为唯一供给者。但农村信用社自身历史包袱较大，且在 2000—2003 年进入商业化改革阶段，导致其服务“三农”的能力远不能满足农村金融市场的需求。这实际上造成基础农村金融体系出现空白，县域内多数非国有经济主体面临融资难题[103]。无法获得金融支持的各类经济主体只能求助于转向“地下”的民间金融市场或高利贷。李建军等研究估算，2003 年全国地下金融（地下信贷）的绝对规模在 7405 亿—8164 亿元[104]。这不仅造成农村金融秩序的混乱，个别区域的非法金融活动甚至危及社会稳定。

（3）非国有经济部门融资难问题突出，制约农村经济发展。资本对经济发展的重要意义已成为学术界的普遍共识。然而，在“二元经济结构”依然存在的情况下，我国农村金融领域的制度设计仍是服务于城镇经济发展。这使得国有商业银行的分支机构、邮政储蓄银行、农村信用社等实际上成为农村资金流出的渠道；而在这一阶段，县域非国有经济依靠密集的劳动资本投入和内源式的融资方式，借助灵活的体制、机制优势，在市场竞争中迅速发展，在提供税收、解决城乡居民就业和技术创新等方面做出了突出贡献[101,105]。但随着非国家经济部门规模的扩大，内源式融资已不能满足其发展需求，必须寻求外部的资金支持。然而，农村资金的大量外流导致非国有经济部门面临严重的外源融资难题，严重影响了县域经济的正常发展[106]。

3.1.2　小额贷款公司制度设立的政策初衷

根据小额贷款公司制度的产生背景，可以推断出政府成立小额贷款公司的政策初衷。

（1）降低制度性交易费用，增加农村金融供给。农村经济制度的变化也改变了农村的金融需求。一方面，伴随着一体化经营和产业链的延伸，商品、农产品的生产资金需求总量不断扩大，对农村金融业务提出了数量增长的需求；另一方面，农业经济主体的多元化和差异化又内生出对多元化金融供给的需求[107-108]。农村金融制度存在过高的交易费用，降低了制度的运作效率，不利于农村经济的增长。因此，在农村金融存量改革成效不佳的背景下，政府推动增量改革，以解决供需矛盾[109-110]。根据银监发〔2008〕23 号文件规定，小额贷款公司试点的目的是“引导资金流向农村和欠发达区域，改善农村地区金融服务，促进农业、农民和农村经济发展，支持社会主义新农村建设”。由此推断出，政府建立小额贷款公司制度的根本目的是通过建立小额贷款公司制度降低制度性交易费用，更高效地将金融资源配置到农村经济领域，最终促进农村经济发展。

（2）提高农村金融市场竞争度，满足微小企业和农户的多元化需求。小额贷款公司服务范围局限于县域，主要业务是发放贷款。县域内的非国有经济主体多是微小企业和农户，依据“小银行优势理论”，小型金融机构在服务小微客户方面具有更低的成本和更高的效率[111-112]。所以，小额贷款公司的建立，有助于打破和消除农村金融市场的垄断格局，对已有金融机构进行功能补充[113]。从金融制度变迁的角度看，内生于非国有经济内部的制度安排最匹配其自身的发展需求[114-115]。民间金融资本与非国有经济相伴而生，更了解了非国有经济部门的需求。小额贷款公司是内生于非国有部门的正规金融机构，更有助于满足非国有经济主体的多元化金融需求。所以，小额贷款公司制度设计的政策初衷之一是提高农村金融市场竞争度，满足微小企业和农户的多元化需求。

（3）实现小额贷款机构的可持续发展。小额信贷机构的存续是制约其信贷供给能力的关键因素[116-117]。但在农业信贷补贴论等旧范式指导下的小额信贷机构普遍面临机构存续问题，无法长久地为小微客户提供信贷服务。因此，以市场化发展为核心的农村金融新范式逐渐被人们接受。与旧范式相比，新范式认为商业化金融机构以市场化原则为基础，具有可持续性和普惠性，是向低收入人群提供金融服务的有效方法[14,118]。在此思想的指导下，世界各地的小额信贷机构纷纷进行商业化转型，并取得了一定的成效，如孟加拉国的格莱珉银行、玻利维亚的阳光银行等。这些机构的成功实践证明小额信贷机构依靠市场化的运作可以实现可持续发展，长久地为小微客户提供信贷服务。因此，政策制定者建立小额贷款公司，有如下两方面的好处：一方面，通过市场化的方式运作小额信贷机构，能够提高农村信贷资金的配置效率，解决机构的存续问题；另一方面，可以吸引民间资本的进入，扩大小额信贷机构的资金规模，增强信贷供给能力，最终促进小额贷款公司兼顾财务可持续和覆盖面的双重目标。

（4）有效防范民间金融资本引发的金融风险，抑制非法金融活动。20世纪90年代，农村合作基金会作为农村民间金融资本集聚的主要机构，有效推动了农村经济的发展。但由于政府过度干涉、产权关系不清、内控机制匮乏、经营管理水平低下等原因，造成农村合作基金会积累了大量的金融风险，甚至引发危及农村社会经济和政治稳定的事件[119]。导致1999年中央政府在全国统一取缔农村合作基金会。但农村合作基金会的取缔导致农村经济出现了基层农村金融体制断层，存量的民间金融资本转入地下，以高利贷、民间集资等非法形式存在，农村金融风险并未得到根本性的缓解和疏散[120]。小额贷款公司的出现为民间金融资本走向正规化提供了渠道，而且制度化、正式化的组织安排有助于降低将金融资源配置到农村金融领域的交易费用，提高了配置效率[121]；同时，也将金融风险置于监管部门的控制之下，有助于维持农村金融市场的稳定。所以，政策制定者希望以商业化的方式引导民间资本进入农村金融领域，将其纳入监管机构的控制体系中，有效控制金融风险。

3.2　小额贷款公司的发展历程及现状

3.2.1　小额贷款公司的发展历程

随着农村经济制度改革的进一步深化，金融抑制政策已不再适合农村经济发展的需要，且 20 世纪末进行的农村金融改革使县域金融机构大幅减少，基层农村金融体系出现空白，导致融资难问题严重制约了农村经济的发展。因此，为了化解微小企业和农民贷款难等问题。自 2005 年小范围试点、2008 年全面试点以来，小额贷款公司已经历了 13 年的发展，总结小额贷款公司的发展历程，可以将其分为三个阶段。

第一阶段：初步试点阶段（2005 年 10 月—2008 年 5 月）

2005 年中央"一号文件"提出"鼓励有条件的地方，在严格监管、有效防范金融风险的前提下，通过吸引社会资本和外资，积极兴办直接为'三农'服务的多种所有制的金融组织"。2005 年中央"一号文件"提出"培育竞争性的农村金融市场，有关部门要抓紧制定农村新办多种所有制金融机构的准入条件和监管办法，在有效防范金融风险的前提下，尽快启动试点工作。有条件的地方，可以探索建立更加贴近农民和农村需求、由自然人或企业发起的小额信贷组织"。2006 年中央"一号文件"再次提出"在保证资本金充足、严格金融监管和建立合理有效的退出机制的前提下，鼓励在县域内设立多种所有制的社区金融机构，允许私有资本、外资等参股。大力培育由自然人、企业法人或社团法人发起的小额贷款组织，有关部门要抓紧制定管理办法"。根据这一要求，中国人民银行、银监会等部门就小额贷款组织试点问题展开调研和政策研究，并在山西、四川、贵州、内蒙古、陕西 5 省、自治区各选择一个县，由当地政府或当地人民银行分支机构牵头进行小额贷款公司试点，共建立了晋源泰、日升隆、全力等 7 家小额贷款公司。7 家小额贷款公司成立时注册资本从 1600 万元到 5000 万元不等。7 家小额贷款公司共计有 18 名发起人，其中自然人股东有 13 个，均为民营企业家；法人股东有 5 个，其中 4 个是民营企业，1 个属于公益事业性质的财团法人——中国扶贫基金会。成立后，7 家小额贷款公司的资本净额和贷款余额得到了迅速增长，在发放小额贷款的同时保持了较低的不良贷款率。截至 2007 年年底，已有 6 家小额贷款公司实现盈利（杨秋叶，2009）。试点结果显示，试点机构均较好地实现了政策预期目标，为小额贷款公司在全国范围内展开试点提供了经验（见表 3 - 1）。

表 3 - 1　　　　第一批试点小额贷款公司基本情况

名　　称	省/自治区	成立时间	发起人数（人）	注册资本（万元）	
				成立时	2017 年年底
晋源泰小额贷款公司	山西	2005 年 12 月 27 日	4	1600	2380
日升隆小额贷款公司	山西	2005 年 12 月 27 日	3	1700	12110
全力小额贷款公司	四川	2006 年 4 月 10 日	3	2000	5000
江口华地小额贷款公司	贵州	2006 年 8 月 15 日	2	3000	—
信昌小额贷款公司	陕西	2006 年 9 月 18 日	4	2200	2200
大洋汇鑫小额贷款公司	陕西	2006 年 9 月 18 日	1	2100	10000
融丰小额贷款公司	内蒙古	2006 年 10 月 12 日	3	5000	52000

资料来源：中国人民银行统计数据；国家企业信用信息公示系统。

经过十多年的发展，7 家小额贷款公司有 6 家还在继续经营，且除信昌小额贷款公司外，其余 5 家公司均增加了注册资本金。江口华地小额贷款公司则已查询不到企业信息，应已注销。

第二阶段：持续增长阶段（2008 年 5 月—2015 年 9 月）

在初步试点成功的基础上，2008 年，中国银监会和人民银行联合发布《关于小额贷款公司试点的指导意见》（银监发〔2008〕23 号），对小额贷款公司的性质、设立、资金来源、资金运用、监督管理、终止等方面做了详细的规定；确定地方政府是小额贷款公司的监管主体，负责辖区内小额贷款公司的审批和监管。随后，各省（自治区、直辖市）政府制定了本辖区的小额贷款公司试点管理办法，小额贷款公司的试点在全国范围内展开。此后，大量民间金融资本和外资融入小额信贷行业，在全国范围内形成了成立小额贷款公司的热潮。在这一阶段，小额贷款公司的数量呈现爆发式的增长，成为我国法人机构数量最多的金融机构。截至 2015 年第三季度末，小额贷款公司机构数量为 8965 家，实收资本 8469. 12 亿元，贷款余额 9507. 95 亿元，从业人数 11. 43 万人。根据《小额贷款公司发展报告（2005—2016）》研究结果可知，90% 以上的小额贷款公司由民营资本发起设立，支持微小企业和农户的贷款约占 60%（见图 3 – 1）。

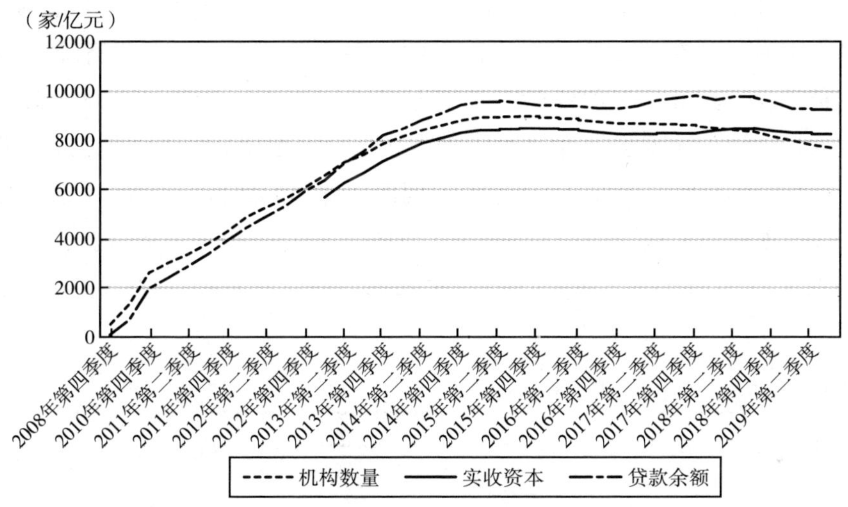

图 3 – 1　2008—2019 年第三季度末小额贷款公司数据统计

注：由于时滞原因，统计数量与批准设立数量有差别。

资料来源：中国人民银行统计数据。

第三阶段：平稳发展阶段（2015 年 9 月以来）

受宏观经济周期波动、互联网金融挤压等因素影响，我国小额贷款公司行业的生存空间受到挤压，一方面新型的互联网金融机构直接抢占了小额贷款公司的信贷市场，另一方面随着监管规定的革新，银行向中小微客户提供贷款的成本也不断降低，增强了小额贷款公司与银行甚至是合作银行的直接竞争。在市场竞争不断加剧的背景下，小额贷款公司爆发式增长的势头不仅被遏制，甚至有部分小额贷款公司破产倒闭。2015 年第三季度末，小额贷款公司机构数量达到峰值，共有 8965 家，此后机构数量连续下降，截至 2019 年第三季度末，全国小额贷款公司共有 7680 家，实收资本金额也从 8469. 12 亿元波动降至 8235. 27 亿元。但同期贷款余额却呈现先增后降的趋势，从 2015 年第三季度的 9594.16 亿元波动增长至 2017 年年末的 9799.49 亿元，随后波动降至 2019 年第三季度末的 9287.99 亿元。总体上看，小额贷款公司步入平稳发展阶段。

3.2.2 小额贷款公司经营现状

（1）小额贷款公司是法人数量最多的正规金融机构。统计数据显示，2011 年年底，小额贷款公司机构法人数量便超过了全国所有银行业机构法人数量，成为数量最多的经营贷款业务的金融机构。此外，小额贷款公司机构数量的增长速度也远远超过农村商业银行（农商行）①、村镇银行机构数量的增长速度。截至 2017 年年底，全国共有小额贷款公司 8133 家，是农商行等金融机构的近 4 倍，是村镇银行的近 5 倍。所以，小额贷款公司是服务“三农”、小微客户的重要力量，对农村经济的发展起着日益重要的作用（见图 3－2）。

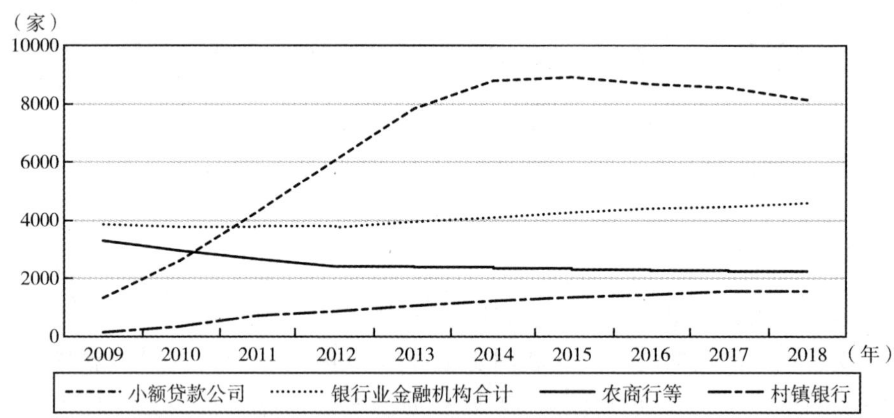

图 3－2 各类金融机构数量统计

（2）小额贷款公司经营规模普遍较小，属于微型金融机构。与其他金融机构相比，小额贷款公司的规模普遍较小。从 2010 年至 2017 年年底，小额贷款公司的平均从业人数维持在 12 人左右，平均实收资本在 0.9 亿元左

① 农商行包含农村信用社（农信社）和农村合作银行（农合行）。

右，平均贷款余额在 1 亿元左右（见表 3－2）。参照《金融业企业划型标准规定》（银发〔2015〕309 号）规定，作为非货币银行服务类金融业企业，资产规模在 50 亿元以下的小额贷款公司属于微型金融企业。从统计数据来看，我国绝大多数小额贷款公司属于微型金融机构，即作为服务“三农”、小微企业的金融机构，小额贷款公司自身也属于金融机构中的“弱势”群体。

表 3－2　　小额贷款公司规模统计

年份	平均从业人数（人）	平均实收资本（亿元）	平均贷款余额（亿元）
2008	—	—	0. 18
2009	—	—	0. 52
2010	11	0. 68	0. 76
2011	11	0. 78	0. 91
2012	12	0. 85	0. 97
2013	12	0. 91	1. 04
2014	13	0. 94	1. 07
2015	13	0. 95	1. 06
2016	13	0. 95	1. 07
2017	12	0. 97	1. 15
2018	11	1. 03	1. 17
2019 年第三季度	11	1. 07	1. 21

（3）大部分省区的小额贷款公司已形成规模，提升了农村金融市场的竞争水平。截至 2019 年第三季度末，已有 26 个省级地区的小额贷款公司数量超过 100 个，而且除内蒙古和西藏外，其他省级地区均实现了小额贷款公司在县级行政区域的全覆盖，我国小额贷款公司行业实现了蓬勃发展。从分布区域看，小额贷款公司主要分布在东部地区，如江苏、安徽、辽宁、广东、河北等地的小额贷款公司总数均超过 400 家。从县均小额贷款公司数量排名看，新疆和宁夏两个西部地区的县均数量最高，分别超过 20 家和 9 家；上海、重庆、北京、天津、江苏等发达地区的县均小额贷款公司数量均超过 5 家，小额贷款公司的发展水平显著高于其他中西部省地区（见表 3－3）。总体上看，经过 10 年的发展，我国小额贷款公司已从只有试点的

几家公司成长为颇具规模的行业，具有了一定的市场力量和影响力，不仅丰富了农村金融机构的类型，还有效提升了农村金融市场的竞争水平，有助于缓解“三农”、小微客户面临的贷款难问题。

表 3-3 2019 年第三季度末各省区小额贷款公司数量与县级区划数 单位：家

地区	小额贷款公司数量	县级区划数	县均数量	地区	小额贷款公司数量	县级区划数	县均数量
全国	7680	2851	2.69	河南	237	158	1.50
北京	105	16	6.56	湖北	275	103	2.67
天津	95	16	5.94	湖南	126	122	1.03
河北	424	168	2.52	广东	456	122	3.74
山西	263	117	2.25	广西	307	111	2.77
内蒙古	308	1036	0.30	海南	57	23	2.48
辽宁	488	100	4.88	重庆	270	38	7.11
吉林	269	60	4.48	四川	257	183	1.40
黑龙江	234	128	1.83	贵州	216	88	2.45
上海	125	16	7.81	云南	219	129	1.70
江苏	565	96	5.89	西藏	19	74	0.26
浙江	315	89	3.54	陕西	265	107	2.48
安徽	435	105	4.14	甘肃	295	86	3.43
福建	119	85	1.40	青海	78	44	1.77
江西	187	100	1.87	宁夏	87	9	9.67
山东	315	137	2.30	新疆	269	13	20.69

3.3 小额贷款公司融资政策安排及变迁

本书探讨的小额贷款公司的融资政策，是指针对小额贷款公司融资行为的一系列政策规定，具体表现为各级金融监管部门及相关政府部门颁布的政策文件中关于融资事宜的所有条款。我国政府对小额贷款公司进行监管时，首次采用了“中央—地方”分层监管制度。因此，小额贷款公司面临的融资政策制度，也具有“中央—地方”的双层结构：小额贷款公司既要遵循中央政府出台的政策规定，也要遵循所在省区金融监管部门的政策条款。因此，本节将分别梳理小额贷款公司中央层面的融资政策和各省区的地方性融资政策，并展开分析。

3.3.1　中央层面的融资政策规定

《关于小额贷款公司试点的指导意见》（银监发〔2008〕23 号）规定，小额贷款公司应归属中国银监会和人民银行共同管辖。在实践中，中国银监会并未承认小额贷款公司的金融机构身份，未对小额贷款公司进行直接监管，但其角色导致其对小额贷款公司承担了间接监管的责任；在实践中，人民银行则将小额贷款公司纳入金融机构的统计范围，并且在人民银行牵头发布的《金融业企业划型标准规定》（银发〔2015〕309 号）中，小额贷款公司被归类为“非货币银行服务类金融业企业”，即小额贷款公司的金融机构身份得到认可。因此，人民银行也事实上承担了在中央层面直接监管、指导小额贷款公司运作的职责。因此，中央层面的融资政策安排，由直接监管政策和间接监管政策构成。

截至 2019 年 1 月末，中央层面颁布的直接涉及融资监管的政策仅有《关于小额贷款公司试点的指导意见》（银监发〔2008〕23 号）。根据银监发〔2008〕23 号文件规定，“小额贷款公司的资金来源主要包括股东缴纳的资本金、捐赠资金，以及不超过两个银行业金融机构的融入资金，且融资余额不得超过资本净额的 50%，融入资金的利率、期限由小额贷款公司与相应银行业金融机构自主协商确定。同时，小额贷款公司不得进行任何形式的非法集资”。这些政策对小额贷款公司的融资渠道和融资数量分别进行了直接限制：首先，小额贷款公司可用的融资渠道限定为银行业融资、增资扩股和获得捐赠资金三类。其次，小额贷款公司的融资杠杆率为不超过资本净额的 50%。

此外，中国银监会还通过对银行业金融机构进行风险提示的方式，对小额贷款公司融资杠杆实施间接监管[19]。《中国银监会办公厅关于防范外部风险传染的通知》（银监发〔2013〕131 号）将小额贷款公司定位为银行业外部风险的五种主要来源之一，要对合作的小额贷款公司实行名单制管理，制定相应的准入标准，且每年至少评估一次；同时对合作的小额贷款公司进行评级，评级应考虑但不限于注册资本、股权机构、公司治理、合规经营、财务状况、信用记录等因素。这份文件的出台事实上对小额贷款公司融资杠杆率进行了间接监管。

参照规制经济学的界定，中央层面的监管文件遵循的是约束型原则，对小额贷款公司融资行为进行明确且严格的限制，导致小额贷款公司面临严重的融资约束。在融资渠道方面，作为商业化经营的金融机构，小额贷款公司获得捐赠资金的可能性近乎为0，其实际可用的外部融资渠道只有“银行业融资”一种；然而，间接监管的存在，使得小额贷款公司难以从银行业机构获得融资，甚至在某些省区，小额贷款公司事实上失去了从外部获得融资的机会。此外，由于中央政策未对“增资扩股”进行详细规定，各地方金融监管部门基于谨慎的态度，在试点初期也事实上拒绝小额贷款公司通过“增资扩股”的方式进行融资。在融资杠杆率方面，小额贷款公司可用的融资杠杆率为资本净额的50%，这与国际小额信贷机构平均余额4—5倍的融资杠杆率相差较大，也远低于农信社、村镇银行等金融机构的融资杠杆率。因此，从实践的角度看，中央监管部门颁布的融资政策严重制约了小额贷款公司的融资行为。

3.3.2　地方性融资政策变迁

银监发〔2008〕23号文件发布后，各省区金融监管部门逐步出台了本辖区小额贷款公司试点的实施细则或发展意见。截至2019年1月底，31个[①]省级政府（含深圳市）均颁布了相关政策文件。各省区在发布的首份政策文件时，普遍参照“银监发〔2008〕23号文”的规定，对小额贷款公司融资比例和融资渠道进行了限制。但随着时间的推移，为了增强小额贷款公司实力、提高行业竞争力，部分省（区、市）在出台指导小额贷款公司发展的新政策文件时，对融资政策条款进行了革新。

① 深圳市执行本市出台的金融政策，不执行广东省政策。另外，因无法获取相关资料，且本章样本不包含西藏自治区小额贷款公司，故在分析中未考虑西藏自治区。

（1）七成以上的省区革新地方性融资政策。根据资料统计，截至 2019 年 1 月底，共有 23 个省级政府革新了本省区的小额贷款公司融资政策规定，即提高了小额贷款公司所享受的融资杠杆率或拓宽了可用的融资渠道。其中，江苏省和安徽省于 2009 年放宽了融资政策限制，时间最早；黑龙江时间最晚，为 2018 年。此外，还有江西、陕西等 8 个省、自治区仍在执行中央融资政策规定（见表 3－4）。

表 3－4　各省（区、市）融资政策创新情况统计及政策出台年份

省（区、市）	是否放宽融资政策	政策出台年份
江苏	是	2009
安徽	是	2009
浙江	是	2011
重庆	是	2011
福建	是	2012
广东	是	2012
广西	是	2012
海南	是	2012
湖北	是	2012
山东	是	2012
贵州	是	2012
吉林	是	2013
辽宁	是	2013
青海	是	2013
天津	是	2013
河北	是	2014
深圳	是	2014
甘肃	是	2015
内蒙古	是	2015
宁夏	是	2016
湖南	是	2017

续表

省（区、市）	是否放宽融资政策	政策出台年份
河南	否	2017
黑龙江	否	2018
江西	否	—
陕西	否	—
上海	否	—
四川	否	—
新疆	否	—
云南	否	—
山西	否	—
北京	否	—

（2）融资杠杆率普遍提升至100%以上。融资杠杆率革新指将小额贷款公司的融资杠杆率上限提升至50%以上。截至2019年1月末，各省份颁布的地方性融资政策文件对小额贷款公司仍进行融资上限管理，但对于融资杠杆率上限的规定，各省区政策存在明显差异。

由于银监发〔2008〕23号文件将小额贷款公司的融资杠杆率上限设为50%，所以大部分省份在出台本省的首份融资政策时，也普遍参照了此规定。但随着时间的推移，部分省份根据本省发展的需要，提高了小额贷款公司的融资杠杆率上限。截至2019年1月末，一共有19个省份（含深圳）提高了本辖区小额贷款公司的最高融资比例，剩余12个省份仍在执行银监发〔2008〕23号文件所规定的“不超过资本净额50%”的比例规定。在这19个省份中，江苏省融资比例上限拓展幅度最大，根据《关于进一步加强农村小额贷款公司监管工作的通知》（苏金融办发〔2011〕50号）规定，“小额贷款公司各类负债（包括直接负债和或有负债）不得超过资本净额的400%，其中直接负债不得超过资本净额100%，或有负债不得超过300%”。其余17个省份的最高融资比例也普遍提升到100%及以上。另外，从统计材料可以看出，不同省份计算融资比例的基准有“资本净额”“注册资本金”和“净资产”三种方式。在19个省份中，有11个省份仍参照“银监发〔2008〕23 号文”要求，以资本净额为基准，以注册资本金或净资产为计算标准的省份各有 4 个（见表 3－5）。

表 3－5 各省（区、市）融资杠杆率上限变化情况

省（区、市）	最高融资比例	年份	政策名称
安徽	注册资本金 100%	2009	《安徽省小额贷款公司监管暂行规定》（皖政办〔2009〕36 号）
江苏	资本净额 400%	2011	关于进一步加强农村小额贷款公司监管工作的通知（苏金融办发〔2011〕50 号）
浙江	资本净额 100%	2011	《关于深入推进小额贷款公司改革发展的若干意见》（浙政办发〔2011〕119 号）
重庆	资本净额 100%	2011	《关于进一步推进小额贷款公司发展的意见》（渝办发〔2011〕92 号）
福建	资本净额 100%	2012	《福建省小额贷款公司暂行管理办法》（闽政办〔2012〕32 号）
海南	资本净额 200%	2012	《关于深入推进小额贷款公司改革发展的若干意见》（琼府办〔2012〕98 号）
湖北	资本净额 100%	2012	湖北省小额贷款公司试点工作指引（鄂小贷联办发〔2012〕1 号）
广东	注册资本金 100%	2012	《关于贯彻落实促进小额贷款公司平稳较快发展意见的通知》（粤金〔2012〕6 号）
吉林	资本净额 100%	2013	关于加快发展小额贷款公司的意见（吉金办文〔2013〕78 号）
辽宁	资本净额 100%	2013	《辽宁省科技小额贷款公司暂行管理办法》（辽金办发〔2013〕1 号）
青海	资本净额 100%	2013	《关于促进小额贷款公司健康发展的若干意见》
广西	净资产 100%	2013	《广西壮族自治区小额贷款公司股权变更指引》（桂金办发〔2013〕20 号）
天津	净资产 300%	2013	《天津市金融办关于推动小额贷款公司和融资性担保机构加大服务实体经济工作力度的通知》
深圳	上年净资产 200%	2014	《关于我市小额贷款公司开展融资创新业务试点的通知》（深府金小〔2014〕5 号）

续表

省（区、市）	最高融资比例	年份	政策名称
甘肃	注册资本金 100%	2015	《甘肃省小额贷款公司管理办法》（甘金办发〔2015〕86号）
山东	注册资本 200%	2016	《山东省小额贷款公司（试点）管理办法》（鲁金监字〔2016〕9号）
宁夏	净资产 200%	2016	《宁夏回族自治区小额贷款公司管理暂行办法（修订）》（宁政办发〔2016〕105号）
湖南	资本净额 300%	2017	湖南省小额贷款公司试点工作实施意见（湘政金发〔2017〕13号）
河南	资本净额 200%	2017	《河南省人民政府办公厅关于进一步促进小额贷款公司健康发展的意见》（豫政办〔2017〕30号）

（3）融资渠道呈现多元化趋势。融资渠道革新指政策规定小额贷款公司可以使用“银行业融资和增资扩股”之外的融资渠道。

对于小额贷款公司可用的融资渠道，除江苏省外，各省份在首份地方政策文件中均遵循了中央政策规定，将小额贷款公司可用的融资渠道限定为“银行业融资、增资扩股和捐助资金”。其中，“增资扩股”这一渠道，在实践操作中具有明显的特殊性：一是部分省份明确规定了门槛条件，例如，安徽省规定“小额贷款公司开业半年后，经营合规、业绩优良、风险控制较好的，可申请增资扩股”；二是部分省份虽未明确规定门槛条件，但事实上拒绝小额贷款公司进行“增资扩股”，直到该省份出台第一份包含新增融资渠道的政策文件，“增资扩股”这一方式才与其他新增融资渠道并列提出，成为小额贷款公司事实可用的融资渠道，如湖北省《关于促进小额贷款公司健康发展的若干意见》（鄂政办发〔2010〕121号）第三条“努力拓宽小额贷款公司融资渠道”规定：对试点满一年、服务“三农”和小企业成效显著、内控制度健全的小额贷款公司，可按规定程序实施增资扩股。

除以上3种资金来源方式，截至2019年1月末，共有21个省份新增了小额贷款公司融资渠道，呈现出多元化趋势。通过整理统计，小额贷款公司共有10种可用的新增融资渠道，分别是“同业拆借、股东定向借款、资产转让、上升融资、发行债券、资产证券化、非银行金融机构股权性或债权性融资、小额再贷款机构、股权质押、财政性资金”等。根据表 3－6 统计，采用“同业拆借、股东定向借款、资产转让、上市融资”4 种融资方式的省份最多，数量均超过一半，其余新增融资方式的普及率则相对较低，均未超过半数。

表 3－6　　　　新增融资渠道方式统计

序号	新增融资方式	省（区、市）数量（个）
1	同业拆借	14
2	股东定向借款	13
3	资产转让	13
4	上市融资	12
5	发行债券	9
6	资产证券化	7
7	非银行金融机构股权性或债权性融资	7
8	小额再贷款机构	4
9	股权质押	3
10	财政性资金	2

从数量上看，不同省份作出了差异化的拓展。内蒙古自治区革新力度最强，新增融资方式共有 7 种，而青海省最为保守，仅新增“小额再贷款机构”1 种融资方式。各省份在革新小额贷款公司可用的融资渠道时，主要通过 2 种方式进行明确：一是明确列出小额贷款公司可用的融资渠道，如内蒙古金融办“内政办发〔2015〕122 号”文件规定“允许小额贷款公司通过发行银行间市场非金融企业债务融资工具、私募债券、资产权益转让、资产证券化等方式筹集资金”；二是以拓展业务范围的方式允许小额贷款公司拓展融资渠道，如宁夏回族自治区于 2016 年 6 月 30 日发布的《小额贷款公司管理暂行办法（修订）》（宁政办发〔2016〕105 号）规定，“小额贷款公司经营业务范围包括对外融资业务，包括向金融机构融入资金、同业拆借、股东定向借款等 7 类”（见表 3－7）。

表 3－7　各省（区、市）新增融资方式及政策发布年份

省（区、市）	年份	新增融资方式[①]	数量（个）
江苏	2009	1. 同业拆借；2. 股东定向借款；4. 上市融资；10. 财政性资金	4
广东	2011	4. 上市融资；7. 非银行金融机构股权和债权融资	2
浙江	2011	1. 同业拆借；2. 股东定向借款；3. 资产转让；4. 上市融资	4
重庆	2011	1. 同业拆借；2. 股东定向借款；3. 资产转让；6. 资产证券化；7. 非银行金融机构股权性或债权性融资；9. 股权质押	6
广西	2012	1. 同业拆借；3. 资产转让；4. 上市融资；7. 非银行金融机构股权和债权融资	4
贵州	2012	1. 同业拆借；2. 股东定向借款；3. 资产转让；7. 非银行金融机构股权和债权融资；10. 财政性资金	5
海南	2012	1. 同业拆借；2. 股东定向借款；3. 资产转让；4. 上市融资	4
山东	2012	1. 同业拆借；2. 股东定向借款；7. 非银行金融机构股权性或债权性融资	3
辽宁	2013	1. 同业拆借；2. 股东定向借款	2
天津	2013	1. 同业拆借；3. 资产转让；5. 发行债券	3
河北	2014	5. 发行债券；4. 上市融资；6. 资产证券化；8. 小额再贷款机构；9. 股权质押	5
青海	2014	8. 小额再贷款机构	1
上海	2014	1. 同业拆借；3. 资产转让；4. 上市融资；5. 发行债券；6. 资产证券化	5
深圳	2014	3. 资产转让；4. 上市融资；8. 小额再贷款机构	3
甘肃	2015	2. 股东定向借款；3. 资产转让；4. 上市融资；5. 发行债券；6. 资产证券化	5
江西	2015	3. 资产转让；5. 发行债券	2
内蒙古	2015	1. 同业拆借；2. 股东定向借款；3. 资产转让；4. 上市融资；5. 发行证券；6. 资产证券化；7. 非银行金融机构债权性或股权性融资	7
宁夏	2016	1. 同业拆借；2. 股东定向借款；3. 资产转让；5. 发行债券；6. 资产证券化；9. 股权质押	6

① 新增融资方式的序号为表 3－6 中按省份数量排序的结果。

续表

省（区、市）	年份	新增融资方式	数量（个）
湖南	2017	1. 同业拆借；2. 股东定向借款；4. 上市融资	3
河南	2017	2. 股东定向借款；3. 资产转让；5. 发行债券；6. 资产证券化；7. 非银行金融机构债权性或股权性融资；8. 小额再贷款机构	6
黑龙江	2018	1. 同业拆借；2. 股东定向借款；4. 上市融资；5. 发行债券	4

（4）地方性融资政策表现出从约束型政策向激励型政策变迁的趋势。在小额贷款公司制度成立之初，各省份普遍照搬了中央融资政策规定，对小额贷款公司的融资行为施加强制性约束，限制了融资渠道和融资杠杆率。但部分省份在出台新一轮的监管政策时，普遍遵循“融资资格、融资渠道、融资杠杆率上限等与小额贷款公司的经营表现相挂钩”的原则，构建了激励型的融资分级制度，具体表现为：在小额贷款公司满足了“社会绩效、合规经营、风险水平”等多项要求后，才可获得融资资格；经营表现越好，可使用的融资杠杆率越高、融资渠道越多。

从理论上讲，融资分级制度带来的正向激励作用可以避免隐藏行为和隐藏知识两类信息不对称现象，避免规制部门和被规制企业之间的委托代理问题，促进被规制企业行为与规制目标保持一致。基于此，地方政府通过构建分级的融资激励制度，以更高的融资收益为正面诱因，诱导小额贷款公司按照政策要求开展经营活动，减少违规经营行为，提高运作效率，从而促进小额贷款公司的经营目标与政策目标激励相容。

在各省（区、市）制定的激励性融资条款中，天津、湖南、江苏等省份的制度具有代表性。天津市人民政府金融服务办公室（现天津市金融工作局）制定的小额贷款公司监管评级指标体系共包括“内控管理、信息化建设、财务指标、社会绩效、合规经营、调整项”等 6 大类 17 项指标，形成对小额贷款公司的Ⅰ、Ⅱ、Ⅲ、Ⅳ、Ⅴ五个监管评级，随着监管等级的下降，小额贷款公司可用的融资渠道和可开展的创新业务种类递减，其中Ⅰ级小额贷款公司，可以开展委托贷款等全部 4 种创新业务，使用同业拆借等全部 6 种融资渠道；而Ⅳ级和Ⅴ级的小额贷款公司，除可以通过银行贷款方式融资外，不享受相关扶持政策。湖南省明确将小额贷款公司可用融资杠杆率与监管等级相挂钩：A、B、C三级小额贷款公司的融资比例上限分别为300%、200%和100%，D级小额贷款公司不得对外融资（见表3－8）。

表3－8　　部分省（区、市）的激励性融资条款

省（区、市）	政策规定
江苏	1. 鼓励和支持A级（包括AAA、AA、A级）小额贷款公司开展对外融资； 2. 适当限制或暂停B级（包括BBB、BB、B级）小额贷款公司的对外融资； 3. C级（包括CCC、CC、C级）以上小额贷款公司，禁止其对外融资
天津	1. 评级为Ⅰ级的小额贷款公司，可拓宽营运资金融资渠道，通过银行贷款、资产收益权转让、同业拆借、发起人股东拆借、发行债券、其他主体委托银行发放贷款等方式融资； 2. 评级为Ⅱ级的小额贷款公司，可以适度拓宽营运资金融资渠道，通过银行贷款、资产收益权转让、其他主体委托银行发放贷款等方式融资； 3. 评级为Ⅲ级的小额贷款公司，可以通过银行贷款、其他主体委托银行发放贷款等方式融资； 4. 评级为Ⅳ级和Ⅴ级的小额贷款公司，仅可通过银行贷款方式进行融资
浙江	1. 对A＋级小额贷款公司实施适度审慎监管，优先支持其进行对外融资； 2. 对A级小额贷款公司实施审慎监管，鼓励和支持其进行对外融资； 3. 对B级小额贷款公司采取针对性监管措施，适当限制或暂停对外融资等； 4. 将C级的小贷公司作为重点关注对象，采取必要的监管措施，提高现场检查频率、严格控制经营风险，暂停对外融资； 5. 对D级的小贷公司，应启动省、市、县三级风险处置机制，采取严格监管措施，限制一般业务；以县级政府为主体，启动停业整顿、重组救助或终止经营等退出机制
甘肃	满足以下条件的小额贷款公司可开展对外融资： 1. 开展小额贷款业务3年以上且无重大违法违规记录； 2. 注册资本金在5000万元以上； 3. 信用评级在A级以上； 4. 经公司股东大会同意； 5. 满足合规性要求，如建立完善的投资决策机制、风险控制机制、会计核算制度、操作规程等； 6. 符合国家政策导向，用于"三农"、小型微型企业和个体工商户的贷款比例高于注册资本的70%； 7. 监管机构规定的其他条件
河北	各市金融办要参照小额贷款公司评优、评级和年审情况，组织优选小额贷款公司，制订增资扩股和融资计划

续表

省（区、市）	政策规定
湖北	小额贷款公司需满足以下条件，可开展对外融资： 1. 坚持服务“三农”和中小企业； 2. 合规经营； 3. 风险控制严格； 4. 利率水平合理
湖南	经市（州）小贷联席会议推荐并报省小贷联席会议批准同意后，可将其融资比例扩大到资本净额的 100%。其中可由其法人股股东向公司融资不超过资本净额 50% 的资金。 1. A 级小额贷款公司，融资比例上限为 300%； 2. B 级小额贷款公司，融资比例上限为 200%； 3. C 级小额贷款公司，融资比例上限为 100%； 4. D 级小额贷款公司，不得对外融资
内蒙古	合规经营、风险管控严密的小额贷款公司可通过股东定向借款、同业资金条件等方式开展对外融资
宁夏	小额贷款公司开展对外融资，需满足以下基本条件： 1. 监管评级在Ⅱ级（含）以上； 2. 公司股东及高管无重大违法、违规记录； 3. 经公司股东大会或董事会同意； 4. 满足合规性要求，如建立完善的投资决策机制、风险控制机制、会计核算制度、操作规程等； 5. 政策规定的其他条件
青海	小额贷款公司开展对外融资需满足以下条件： 1. 经营规范； 2. 业绩良好； 3. 资金短缺。 此外，开展银行“统贷统还”业务，根据风险承担能力和资金需求将银行融资调配给符合规定的小额贷款公司
重庆	经营管理较好、风控能力强的小额贷款公司，可享受资本净额 100% 的融资比例上限
广西	运行情况良好、合规经营的小额贷款公司，可利用资产转让、股权融资、资金调剂拆借、上市等方式进行融资
贵州	小额贷款公司进行对外融资，需满足以下条件： 1. 合规性监管规定； 2. 小额贷款、涉农和小微企业贷款、3 个月以上贷款余额占贷款余额比例不低于 70%
海南	1. 年度考核为优秀或良好的小额贷款公司，可享受资本净额 200% 的融资比例上限； 2. 运行状况良好、合规经营、连续两年考评为优秀或良好的小额贷款公司，可开展资产转让等业务

因此，根据规制经济学的定义，因中央融资政策仅包含约束型条款，故将中央融资政策定义为约束型融资政策；而进行政策变迁后，地方性融资政策中普遍包含了激励型条款，故将变迁后的地方政策定义为激励型融资政策[77-78]。所以，地方性融资政策变迁的最大特点是表现出从约束型政策向激励型政策变化的趋势。

3.4 小额贷款公司融资政策变迁的理论分析

从政策制定主体角度来看，小额贷款公司融资政策的制定者包括中央政府和地方政府，而且从各自颁布的政策规定来看，中央政府与地方政府遵循的逻辑思路存在显著的差异，体现在地方性政策中既有与中央政策存在显著不同的“冲突型”规则，也包含了中央政策所没有的“扩展型”规则。因此，对小额贷款公司融资政策产生及变迁的原因也将从“中央—地方”两个角度展开分析。

3.4.1 中央层面融资政策制定的理论逻辑

根据前文对中央层级监管政策的梳理，结合小额贷款公司的成立背景，可以发现，中央层面对小额贷款公司融资行为持以谨慎态度，其背后的理论逻辑主要有以下几点：

(1) 小额贷款公司被定位于“只贷不存”的补充性信贷机构。农村金融领域主要的矛盾是供需不平等。为解决这一问题，我国政府在农村金融领域进行了多次存量改革，但结果均不理想。21 世纪初，我国农村金融领域的改革路径转向了增量改革[122]。同一时期，国际小额信贷运动迅速发展，为我国农村金融改革提供了借鉴，小额信贷机构具有交易成本低、放贷灵活的特点，能够为受到整个银行排斥的群体提供资金支持，对正规银行体系形成了有效补充。在充分借鉴国际小额信贷的成功经验的基础上，中央政府设计了小额贷款公司制度。但此项制度是政府推动的强制性制度变迁，并非是由相关利益群体通过博弈所推动的诱致性制度变迁；并且农村金融制度的历次改革经验也使政府在推动制度变迁时持谨慎的态度[6,120]。所以，中央政府在确立小额贷款公司制度时存在“路径依赖”，一定程度上延续了金融抑制政策，将小额贷款公司定位于“只贷不存”的补充性信贷机构，制定了严格的融资约束政策[94]。

（2）有效防范民间金融资本引发的金融风险，将其与正规金融体系相隔离。防控金融风险始终是我国农村金融领域的重要目标。农村合作基金会取缔后，存量的民间金融资本转入“地下”，以高利贷、民间集资等非法形式存在，农村金融风险并未得到根本性的缓解和疏散[120]。在此背景下，小额贷款公司成为民间金融资本进入金融业的渠道，中央政府在设计制度时，必然会加强对小额贷款公司各类风险的管控，避免重蹈农村合作基金会的覆辙[120-121]。从银监发〔2008〕23 号文件规定也可看出，中央政府选择制定严格的融资政策，有如下两方面的作用：一方面，通过限制小额贷款公司的融资规模，使得小额贷款公司所用资金大部分来自股东的出资，增强了股东监督机构经营的动力，有助于小额贷款公司的制度化和正式化，降低潜在的经营风险；另一方面，限制小额贷款公司可用的融资渠道，切断了与正规金融体系的链接渠道，隔离了小额贷款公司的经营风险，避免系统性金融风险的产生[19]。

（3）限制小额贷款公司发展，保护在位金融机构的利益。2005 年之前，我国农村金融领域处于存量改革阶段，每次改革的重点都是围绕已存在的金融机构的调整进行。经过多次存量改革，农村金融领域形成了数量庞大、类型繁杂的农村金融机构和相关人群，特别是各类国有和集体所有金融机构，在农村金融领域处于垄断地位，形成了一种既得利益格局[123-124]。2005 年之后，我国农村金融领域进入增量改革阶段，特别是小额贷款公司的成立，标志着民间资本开始大规模进入金融业，势必对在位金融机构的利益产生强烈冲击。虽然小额贷款公司不吸收公众存款，但是部分民间资金还是通过小额贷款公司的渠道进入农村金融领域，减少了在位金融机构的资金来源；而且小额贷款公司与在位金融机构进行贷款业务竞争，将减少在位金融机构的贷款利息收入。此外，随着农村金融市场的多元化发展，政府监管收益的不确定性也随之增加[125]。小额贷款公司的成立不仅冲击了在位金融机构的利益格局，还改变了监管机构的收益。所以，在小额贷款公司制度正式推出之前，在位金融机构会通过游说政府来保护自己的利益[126]，而且不同的监管部门之间也会存在利益博弈，特别是小额贷款公司的正式文件由中国银监会主导颁布，因此为了保护自身和在位金融机构的利益，政府部门在制定小额贷款公司的融资政策时，会限制其资金来源和融资比例。

3.4.2 地方层面融资政策制定的理论逻辑

从上文的总结分析中可以看出，各地方政府最初顺承了中央层面的融资政策，但随着时间的推移，地方政府开始遵循激励型规制原则，在逐渐放宽融资政策约束的同时，增加了激励型内容。其背后的原因主要有以下几点：

(1) 地方经济发展对金融供给水平提出更高要求。从地方融资政策的变迁可以看出，地方政府普遍选择在严控风险的条件下逐步放宽对小额贷款公司的融资约束。地方政府积极变革政策的激励来源于其在“晋升锦标赛”下对经济增长的追求[127]。由于地方政府的晋升标准与GDP增长的绩效高度相关，而金融资源在促进经济增长方面具有直接作用[128]，围绕经济增长的竞争就会表现为围绕金融资源的竞争，这就激发了地方政府对于辖区内金融机构的控制和干预[129-130]。但金融资源在农村地区始终是稀缺的，并且伴随着农村经济的不断发展，这种稀缺性也不断增强。一方面，伴随着一体化经营和产业链的延伸，商品、农产品的生产资金需求总量不断扩大，对农村金融业务提出了数量增长的需求；另一方面，农业经济主体的多元化和差异化又内生出多元化的金融需求。虽然小额贷款公司制度的出现为地方政府同中央政府、其他地方政府争夺金融资源提供了一条道路，但中央层面对小额贷款公司施加的融资约束，产生了高昂的制度性交易费用，严重制约了小额贷款公司的金融供给能力，不能匹配地方经济日益增长的金融需求。总体而言，农村经济的发展使得我国经济制度出现结构性的变化，导致地方效用函数与国家效用函数呈现不一致[131]，变革小额贷款公司的融资约束制度成为地方政府促进经济发展的应有之举[132]。通过削弱小额贷款公司面临的融资约束，将增加当地企业获得贷款的可能性，进而促进地方经济增长；并且小额贷款公司受地方金融部门监管的规定也为地方政府进行金融创新提高了操作空间。因此自 2011 年开始，各省区开始逐步放宽针对小额贷款公司的融资约束，允许小额贷款公司使用更多的融资渠道或提高融资规模上限。

（2）融资约束成为制约小额贷款公司可持续发展的重要因素。小额信贷机构的存续是制约其信贷供给能力的关键因素[116-117]。但从 2005 年试点开始，经营资金不足始终是制约小额贷款公司可持续发展的重要因素：一方面，融资约束使小额贷款公司难以形成规模优势；而且自有资金成本和融资利率较高，导致部分小额贷款公司违背服务“三农”的政策目标，转向发放大额贷款，出现“使命漂移”现象[2,133]。同时，自有资金不足导致小额贷款公司业务增长速度不断放缓，特别是在我国经济进入“新常态”阶段后，小额信贷业务的不良率不断攀升，危及机构的存续。因此，为了改善小额贷款公司的可持续性、增强长期供给能力，地方政府有动力削弱针对小额贷款公司的融资约束，扩大其资金来源，在此基础上实现小额贷款公司财务可持续发展和服务“三农”等多重目标。

（3）激励型规制政策的效力更强。由于地方政府肩负着发展经济的重任，有动力去提高小额贷款公司的金融供给能力，但实践证明，单纯的放松规制并不必然带来有效供给能力的提升[99,134]；而且提高小额贷款公司的有效供给能力不能以牺牲服务“三农”目标和风险控制目标为代价。在实践经营中，部分小额贷款公司出现了一些问题和风险隐患，如贷款对象过于集中和非农化、利率水平过高和贷款期限短期化等问题，一定程度上偏离了政策初衷，所以地方政府有责任对其进行引导和承担风险处置责任。为了解决这些问题，激励型规制政策是一种良好的选择。根据激励规制理论，在保持原有规制结构的条件下，给予受规制企业正面诱因，既能够提高企业的生产效率和运作效率，也能够削弱规制部门与被规制企业之间的信息不对称，降低监管成本，进而缓解两者之间的代理问题，促进被规制企业行为与规制目标保持一致[80-81]。因此，地方政府普遍选择了激励型规制政策，即将融资规模、融资渠道与机构经营表现相挂钩，给予小额贷款公司提高运作效率的刺激，避免出现“使命漂移”或风险水平激增的局面，切实提高小额贷款公司的有效供给能力。

3.5 融资政策变量的选择与构建

本书研究的一个关键问题是寻找衡量融资政策的合适变量。在实证研究中，由于政策难以量化，学者们常用的做法是构造虚拟变量或寻找合适的代理变量。本书也将遵循此做法，通过构建虚拟变量的方式，实证研究融资政策度小额贷款公司多重绩效的影响。

通过对政策的梳理，发现地方性融资政策变迁最大的特点是从约束型政策向激励型政策变化；并且，政府降低小额贷款公司融资约束的方式也分融资杠杆率上限的提升和融资渠道的增加两种方式。因此，本书将构建以下 3 个虚拟变量，以考察政策变迁的不同方面对小额贷款公司多重绩效的影响。

（1）虚拟变量 Policy——实施激励型融资政策。为考察融资政策变迁，即激励型融资政策的实施对小额贷款公司多重绩效的影响，构建虚拟变量 Policy：当各省份出台激励性融资政策时，以出台创新政策的年份为界限，节点之前年份 Policy 赋值为 0，之后 Policy 赋值为 1；当该省份仍执行中央融资政策规定时，所有年份 Policy 赋值为 0。

（2）虚拟变量 Limit——提升融资杠杆率上限。为考察融资杠杆率上限提升对小额贷款公司多重绩效的影响，构建虚拟变量 Limit。当该省份将融资杠杆率上限提升至 50% 以上，即超过中央政策规定，认定其进行了融资杠杆率革新。以第一次出台创新政策的年份为界限，节点之前年份 Limit 赋值为 0，之后 Limit 赋值为 1。若未提升融资杠杆率，则所有年份 Limit 赋值为 0。

（3）虚拟变量 Channel——拓展融资渠道种类。为考察融资渠道拓展对小额贷款公司多重绩效的影响，构建虚拟变量 Channel。当该省份发布的政策，小额贷款公司可以使用银行业融资和增资扩股之外的融资渠道，即认定该省份拓展了融资渠道。以第一次出台创新政策的年份为界限，节点之前年份 Channel 赋值为 0，之后 Channel 赋值为 1。若未增加融资渠道，则所有年份 Channel 赋值为 0。

3.6　中国小额贷款公司多重绩效的界定

从已有研究中可以发现，小额贷款机构的双重绩效评级体系被普遍接受，许多国家和地区都将财务可持续性和覆盖面作为衡量和评价小额贷款机构的依据。但在实际操作中，根据出发点的不同，对小额信贷机构的评价是从多维度展开的，不仅限于双重绩效。所以，对中国小额贷款公司多重绩效的界定，应根据其产生背景和制度初衷出发，提出相应的绩效评价角度。

我国小额贷款公司产生于农村经济制度变革、金融制度供给与需求严重不均衡的背景下。20 世纪 90 年代以来，随着小额信贷项目在全球范围内的流行，我国也出现了一批福利主义小额信贷机构，在扶贫方面取得了一定的成效。但福利主义小额信贷机构的可持续性缺陷严重制约其扶贫能力的发挥。在此基础上，我国政府部门采纳制度主义小额信贷的思想，试图构建商业化运作的小额信贷机构，在保持机构可持续的基础上实现服务“三农”的目标。此外，小额贷款公司制度还是约束民间资本以组织化形式从事小额信贷行为的制度安排[6]。小额贷款公司制度的出现，为原本以“地下金融”形式存在的民间资本提供了进入金融体系的正式渠道。制度化、正式化的组织安排有助于降低民间金融资源进入农村经济领域的交易费用，提高金融资源的配置效率。因此，对中国小额贷款公司多重绩效的考察，应当包括以下三个方面：

首先，作为缓解农村金融供给不足的制度创新，小额贷款公司承担着政府赋予的“有效配置金融资源，引导资金流向农村和欠发达地区，改善农村地区金融服务，促进农业、农民和农村经济发展”的政策功能。因此，是否惠及小微客户和服务“三农”，提高其信贷可得性，是评价小额贷款公司多重绩效的首要方面。

其次，作为商业化运作的金融机构，追逐利润是小额贷款公司经营者的必然选择。并且，由于我国执行严格的金融审批许可制度，金融业具有高于其他行业的特许权价值，获得较高的利润成为社会资本进入小额信贷行业的强大动力，也是保障小额贷款公司得以存续的基础。因此，能否具有良好的盈利能力、实现机构的财务可持续，是考察小额贷款公司多重绩效的另一个重要目标。

最后，一种好的制度安排，在追求效益的同时也应该是有效率的[135-136]。金融制度变迁的一个重要目的是降低交易费用，提高金融资源配置效率。交易费用的降低从宏观上看是要降低金融制度运作的交易费用，从微观上看是要降低资金供给方和资金需求方的交易费用。因此，小额贷款公司的运作效率越高，表明制度创新越能有效降低金融资源配置成本，制度安排也是更有效率的。所以，在考察小额贷款公司多重绩效时，也应考察机构的运作效率（见图3-3）。

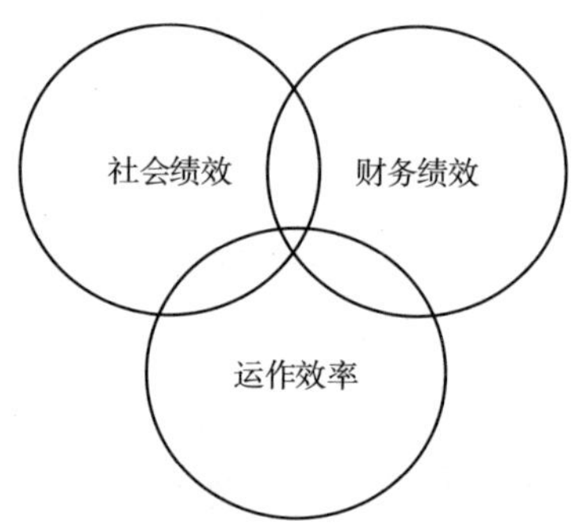

图3-3　小额贷款公司的三重绩效目标

因此，本书对小额贷款公司绩效的考察，将从社会绩效、财务绩效和运作效率三方面展开。

（1）社会绩效。已有的研究成果尚未对小额信贷机构社会绩效的衡量达成一致结论，但从中可以发现，覆盖广度和覆盖深度是衡量的重点方面，并被广泛使用。在衡量小额贷款公司的覆盖广度时，学者们通常使用“小微客户数量、社会客户数量、小微客户占比、涉农贷款占比”等指标[4]。在衡量服务深度时，通常使用“平均贷款规模、平均贷款规模/人均GDP”等指标[137]。在借鉴前人研究的基础上，本章选择“小微客户占比（Micro）”和“调整后的平均贷款规模（Depth）”作为衡量小额贷款公司服务广度和服务深度的指标。小微客户占比等于“当年50万元以下贷款累放笔数/当年累计发放贷款笔数”，该指标越大说明小额贷款公司越倾向于服务受正规金融排斥的对象，覆盖面越大；调整后的平均贷款规模等于“平均单笔贷款金额/注册地人均 GDP"，该指标越小说明客户受正规金融排斥的程度越强，小额贷款公司服务客户的层次越低，社会绩效表现越好。具体公式如下：

$$Micro = \frac{\text{当年 50 万元以下贷款累放笔数}}{\text{当年贷款累计发放笔数}} \tag{3-1}$$

$$Depth = \frac{\text{当年累计贷款金额/当年累计贷款笔数}}{\text{注册地人均 } GDP} \tag{3-2}$$

（2）财务绩效。对于商业化运作的小额贷款公司，盈利能力是财务绩效的直观体现。常用的衡量小额信贷机构盈利能力的指标有：资产利润率、净资产利润率、贷款收益率等。本章选择资产利润率（ROA）和净资产利润率（ROE）作为衡量样本小额贷款公司财务绩效的指标。其中，ROA 为评价期的净利润与平均总资产（期初和期末总资产的平均值）的比率，用来衡量小额贷款公司利用所有资源创造利润的能力；净资产利润率是评价期间的净利润与平均所有者权益（期初和期末所有者权益的平均值）的比率，用来衡量小额贷款公司运用所有者权益创造利润的能力。两个指标数值越大，表明小额贷款公司财务绩效越好。具体计算公式如下：

$$ROA = \frac{\text{净利润}}{\text{评价期内平均总资产}} \tag{3-3}$$

$$ROE = \frac{\text{净利润}}{\text{评价期内平均所有者权益}} \tag{3-4}$$

（3）运作效率。基于不同的出发点，现有研究将运作效率分为成本效率、利润效率、规模效率、范围效率、"X－效率" 5 类。在农村金融领域，交易费用是导致供需矛盾的关键因素，小额贷款公司制度的产生便源于政府对降低农村金融领域制度交易费用的追求。所以，考察能否有效降低交易费用是对小额贷款公司制度效果的有益评价。由于小额贷款公司是制度的运作主体，并且与客户达成金融协议的交易费用主要表现为小额贷款公司的经营成本，因此本章选择小额贷款公司的成本效率来考察制度的运作效率：小额贷款公司的成本效率越高，代表制度的运作效率越高。

3.7 本章小结

本章首先分析了小额贷款公司产生的背景及政策初衷，然后梳理了中央和地方两级制定的小额贷款公司融资政策，并总结出融资政策变迁的特征；在此基础上分析了两级政府制定融资政策的不同逻辑思路。最后，根据两级融资政策的特征和本章研究主体，选择融资政策的合适代理变量，并界定了小额贷款公司多重绩效的内涵，选择测量多重绩效的合适指标。得出以下主要结论：

（1）融资政策的设定初衷是约束小额贷款公司的融资行为，降低金融风险，同时保证其坚持满足小微客户金融需求的政策定位。小额贷款公司的设立既是我国新一次的农村金融体制增量改革，也是民间资本进入金融业的首次尝试，政府制定小额贷款公司制度的初衷是以商业化的形式满足小微客户的信贷需求，解决农村金融领域供给不足的问题。所以融资政策的制定也是围绕确保小额贷款公司坚持政策定位展开的。但由于政府部门缺乏对商业性小额信贷机构的监管经验，加上农村基金合作会的失败，导致政府在出台监管政策时十分谨慎，一定程度上延续了金融抑制的思路，对小额贷款公司的融资行为进行了严格限制，一方面确保其坚持服务“三农”、小微企业的政策定位，另一方面也降低小额贷款公司产生的金融风险，避免重蹈农村合作基金会的覆辙。

（2）地方融资政策表现出从约束型政策到激励型政策变迁的特点。金融抑制政策的存在使得我国非国有金融体系的发展始终落后于国有金融体系。而小额贷款公司是我国民间资本进入金融业的首次尝试，政府缺乏相关的监管经验，所以中央政府在制定小额贷款公司的融资政策时存在“路径依赖”，制定了严格的融资约束政策，限制了小额贷款公司的融资行为。地方政府在试点初期也普遍照搬了中央融资政策。但地方经济的迅速发展再次凸显了金融制度供给与需求之间的矛盾，约束型融资政策未能有效促进政策初衷的实现；而且小额贷款公司经营者等相关利益群体也拥有了一定的博弈能力。因此，地方监管部门纷纷推动融资政策变迁，一定程度上放宽了小额贷款公司面临的融资约束。同时，为了确保小额贷款公司坚持服务“三农”、小微企业的政策定位，地方监管部门普遍采用激励型融资政策，给予小额贷款公司正面激励，避免产生“使命漂移”现象，以切实提高对低收入人群的有效供给能力。

第 4 章

融资政策对小额贷款公司财务绩效的影响

作为商业化经营的小额信贷机构，实现利润最大化是小额贷款公司经营者的天然目标，也是各类私人资本进入小额信贷行业的强大动力。国际小额信贷运动的发展历程也证明，实现小额贷款机构的财务可持续是持久服务小微客户的基础。对此，政府部门也持有一定的支持和保护态度，具体表现为将小额贷款公司的贷款利率上限设定为央行公布的同期同档次贷款基准利率的 4 倍，高于其他金融机构所享受的贷款利率上限倍数，保障了小额贷款公司的利润空间。然而，在小额贷款公司诞生之初，中央政策制定了约束型的融资政策，对小额贷款公司施加了严格的融资约束，并被各省金融监管部门普遍采纳。随着时间的推移，激励型融资政策成为各省份的主流，改变了小额贷款公司所面临的政策环境。因此，融资政策的制度变迁对小额贷款公司造成了何种影响？究竟是制约还是促进了小额贷款公司的财务绩效？研究这些问题具有重要的理论和现实意义。本章首先构建基于约束型融资政策和激励型融资政策的数理模型，分析融资政策影响小额贷款公司财务绩效的理论机制，然后根据第三章对融资政策变量的界定，利用 346 家小额贷款公司 2009—2016 年的非平衡面板数据，实证检验融资政策对小额贷款公司财务绩效的影响，并提出相关的政策建议。

4.1　融资政策影响财务绩效的理论分析

4.1.1　基于约束型融资政策的数理模型

在试点之初，中央及地方普遍实施了约束性融资政策。因此，本部分首先分析约束性融资政策对财务绩效的影响。

（1）模型基本假设。根据银监发〔2008〕23 号文件，小额贷款公司是经营小额贷款业务的有限责任公司或股份有限公司。所以，贷款利息收入成为小额贷款公司的主要收入来源。在实践中，影响贷款收入规模的因素主要有可贷资金规模、贷款利率、贷款周转率等。其中，可贷资金规模是现阶段影响小额贷款公司收入规模的最主要因素。同时，小额贷款公司的资金来源被界定为“自有资金、捐赠资金和来自不超过两个银行业金融机构的融资”。然而，事实上小额贷款公司难以获得捐助资金，自由资金短时间内也难以增加，因此，通过银行业金融机构获得融资成为小额贷款公司扩大可贷资金来源的主要方式。通过第 3 章的整理发现，各省份的约束型融资政策普遍对小额贷款公司可用的融资规模规定了上限，如银监发〔2008〕23 号文件规定可用融资规模上限是资本余额的 50%；同时，各省还普遍要求小额贷款公司需要坚持国家对小额贷款公司的政策定位才能获得融资资格，即满足监管部门对小额贷款业务的最低要求等。因此，基于这两点规定，结合其他理论假设，构建数理模型：

假设 1：小额贷款公司为理性经济人，以利润最大化为目标作出经营选择。

假设 2：小额贷款公司仅有自有资金和融入资金，并全部用于贷款投放。其中自有资金量为 K，融入资金量为 D，则小额贷款公司权益乘数 $m=\frac{K+D}{K}=1+d$，d 是融入资金占自有资金的比例；根据中央政策规定，假设 $d\in[0,0.5]$，则权益乘数 $m\in[1,1.5]$，为方便分析，下文将权益乘数称为“融资杠杆率”。

假设 3：设小额贷款公司的单位资金的融资费用率为 β，进行融资产生的所有费用为 E，包括融资利率、满足监管需要的支付的隐形成本等，即有 $E=\beta D$，$\beta>0$。β 与融资政策的严格程度以及可用融资渠道有关，政策越严格，单位资金的融资费用率 β 越高；可用融资渠道数量越多，单位资金的融资费用率 β 越低。

假设 4：小额贷款公司经营贷款时仅有可变的贷款管理成本，不支付固定成本。可变的贷款管理成本 $C=cK$，其中 $c>0$，为单位贷款管理成本率。

假设 5：小额贷款公司仅经营小额贷款和大额贷款两种业务，其中发放小额贷款数量占全部贷款数量的比例为 α，$\alpha\in[0,1]$。α 越大，表明公司发放的小额贷款数量越多。由于监管机构对小额贷款公司小额贷款占比进行下限控制，记 $\underline{\alpha}>0$ 为监管部门设定的获得融资资格的最低小额贷款占比。

假设 6：小额贷款业务和大额贷款业务的平均贷款利率 r_i、贷款损失率

l_i、单位贷款管理成本率c_i均有所差异。其中 $i=1$ 表示小额贷款业务，$i=2$ 表示大额贷款业务。

（2）模型求解及结果分析。基于以上假设，小额贷款公司的利润函数为：

$$\pi=\alpha Kd[(1+r_1)(1-l_1)-c_1]+(1-\alpha)Kd[(1+r_2)(1-l_2)-c_2]-\beta K(d-1)-Kd \tag{4-1}$$

整理得到：

$$\pi=\alpha Kd[r_1-r_1l_1-l_1-c_1]+(1-\alpha)Kd[r_2-r_2l_2-l_2-c_2]-\beta K(d-1) \tag{4-2}$$

为方便计算，对上述公式进行如下处理：①令$A_1=[r_1-r_1l_1-l_1-c_1]$，记为“小额贷款单位净利润”；②令$A_2=[r_2-r_2l_2-l_2-c_2]$，记为“大额贷款单位净利润”；③假设 $K=1$，即小额贷款公司只有单位自有资金。上式整理为

$$\pi=\alpha(1+m)(A_1-A_2)+m(A_2-\beta)+A_2 \tag{4-3}$$

将公式（4－2）对 m 求偏导得，

$$\frac{\partial\pi}{\partial m}=\alpha(A_1-A_2)+A_2-\beta \tag{4-4}$$

令$\frac{\partial\pi}{\partial m}=0$，解得

$$\alpha^*=\frac{A_2-\beta}{A_2-A_1} \tag{4-5}$$

可知，π 的符号将由A_1、A_2、β 的大小所决定。下面将分情况讨论。

①若$A_2>\beta>A_1\geqslant0$。当 $\alpha<\frac{A_2-\beta}{A_2-A_1}\leqslant1$ 时，$\frac{\partial\pi}{\partial m}>0$；反之，$\frac{A_2-\beta}{A_2-A_1}<\alpha\leqslant1$ 时，$\frac{\partial\pi}{\partial m}<0$。因此，当监管者规定的小额贷款最低占比$\underline{\alpha}<\frac{A_2-\beta}{A_2-A_1}$，小额贷款公司的最优选择区间为$\left[\underline{\alpha},\frac{A_2-\beta}{A_2-A_1}\right]$，此时有$\frac{\partial\pi}{\partial m}>0$，融入资金能够为小额贷款公司带来更高的利润，但融资政策限定，融资杠杆率 $m\in[1,1.5]$，使得小额贷款公司面临截断的融资函数，在A_1、A_2、β 相对固定的情况下，融资政策为小额贷款公司设定了潜在利润上限，不利于小额贷款公司财务绩

效的提升；其次，由于融资费用率$\beta > A_1$，意味着小额贷款公司为了达到融资要求，需要将部分资金从小额贷款业务中转移到大额贷款业务中，不仅付出了每单位（$A_2 - A_1$）的机会成本，还付出了每单位（$\beta - A_1$）的融资成本，降低了资金的利润效率，对财务绩效造成负面影响。而且，由于大额贷款的单位净利润高于小额贷款，小额贷款公司会在达到最低小额贷款占比要求$\underline{\alpha}$后，将所有融入资金投入大额贷款业务，所以约束型政策也未能促进小额贷款公司坚持政策定位。当$\underline{\alpha} \geqslant \frac{A_2 - \beta}{A_2 - A_1}$时，在不违规经营的条件下，小额贷款公司可选择的小额贷款占比区间为［$\underline{\alpha}$，1］，此时$\frac{\partial \pi}{\partial m} \leqslant 0$，融入资金不利于小额贷款公司财务绩效的提升，因此，小额贷款公司不会选择融入资金。而且，由于小额贷款单位净利润A_2大于大额贷款单位净利润A_1，小额贷款公司会尽可能减少发放小额贷款，甚至在违规经营收益大于违规处罚时，选择低于政策规定的最低水平，直到$\alpha = \frac{A_2 - \beta}{A_2 - A_1}$。所以，融资政策对融资杠杆率的限制不会影响财务绩效，但对最低小额贷款占比的规定会对财务绩效造成负面影响。

②若$A_2 > A_1 > \beta > 0$。此时$\frac{A_2 - \beta}{A_2 - A_1} \geqslant 1$始终成立。因此，无论小额贷款公司选择何种水平的小额贷款占比，均有$\frac{\partial \pi}{\partial m} \geqslant 0$，融入资金是占优选择。但同样的，政策对融资杠杆率的约束使得小额贷款公司不能根据自己的需要自由地融入资金，限制了小额贷款公司财务绩效的增长空间。并且，由于$A_2 > A_1$，小额贷款公司会将小额贷款占比维持在监管最低要求上。所以，融资政策对财务绩效仍是负面影响。

③若$A_1 > A_2 > \beta > 0$。此时恒有$\frac{\partial \pi}{\partial m} \geqslant 0$，融入资金对小额贷款公司而言始终是占优选择。但由于此时小额贷款单位净利润高于大额贷款单位净利润，小额贷款公司会主动追求提高小额贷款业务占比，财务绩效和社会绩效可以自发实现兼顾，所以约束型条款没有存在的价值。所以，如果此时限制了小额贷款公司的融资杠杆率，会对其财务绩效造成负面影响。

④若$A_1 > \beta > A_2 > 0$。仅当$\alpha > \frac{\beta - A_2}{A_1 - A_2}$时，有$\frac{\partial \pi}{\partial m} > 0$，融入资金是经营者的占优选择。但由于小额贷款单位净利润高于大额贷款单位净利润，财务绩效和社会绩效可以自发实现兼顾，约束型条款没有存在的价值，所以对融资杠杆率限制会对财务绩效产生负面影响。当$\alpha < \frac{\beta - A_2}{A_1 - A_2}$时，有$\frac{\partial \pi}{\partial m} < 0$，融入资金不利于财务绩效的提升，所以小额贷款公司不会选择融入资金，融资政策失效。但由于小额贷款的单位净利润更高，财务绩效和社会绩效可以自发兼顾。

⑤若$\beta > A_1 > A_2 > 0$或$\beta > A_2 > A_1 > 0$。此时融资成本明显高于贷款利润，小额贷款公司不会选择融资，融资政策对小额贷款公司经营无影响。

（3）模型研究结论。总结以上五种情况，从理论角度分析，约束型融资政策所采用的融资杠杆率限制和小额贷款业务最低占比限制两种方式，均未达到预期效果。一方面，大多数情况下融入资金是小额贷款公司占优选择，但政策对融资杠杆率的约束使得小额贷款公司面临明显的利润上限，制约了财务绩效的增长，不利于小额贷款公司的财务可持续；另一方面，在大额贷款单位净利润A_2大于小额贷款单位净利润A_1时，融资政策规定的小额贷款最低占比$\underline{\alpha}$降低了小额贷款公司的利润水平，而当大额贷款单位净利润A_2小于小额贷款单位净利润A_1时，小额贷款最低占比$\underline{\alpha}$又是失效的，也未能激励小额贷款公司坚持政策定位。

在实践中，我国大额贷款单位净利润一般高于小额贷款单位净利润，即$A_2 > A_1$，因此小额贷款公司作出的选择如上文（1）和（2）部分所示。此时，不仅融资杠杆率上限制约了财务绩效的增长，小额贷款业务最低占比也降低了资金的利润效率。总体而言，约束型融资政策对小额贷款公司的财务绩效产生了负面作用。

4.1.2　基于激励型融资政策的数理模型

（1）模型基本假设。通过第 3 章的总结分析可知，激励型融资政策与约束型融资政策的核心区别在于，激励型融资政策将融资资格和融资方式与小额贷款公司的经营表现相挂钩，具体表现为：当小额贷款公司满足了“社会绩效、合规经营、风险要求”等要求后，才可获得融资资格；且在此基础上制定了差异化的升级机制，经营表现越好，可使用的融资杠杆率越高。这是因为监管机构只能从事后观测到小额贷款公司的努力程度，特别是社会绩效水平，所以期望使用升级式的融资政策，激励小额贷款公司追求更高的社会绩效水平。总结各省份激励型融资政策，普遍将小额贷款公司的融资资格的取得及所享受的融资水平多与“社会绩效水平、合规经营、风险水平”等多维度因素相关。其中，“社会绩效水平”是关键性的条款：一是甘肃、贵州等省份明确规定“小额贷款、涉农贷款余额比例不得低于70%”；二是在对小额贷款公司进行监管评级的省份，也普遍将这一条件作为决定小额贷款公司等级的核心因素。因此，满足监管规定的社会绩效水平，不仅决定小额贷款公司能否获得融资资格，还决定了其所能销售的融资上限和融资方式。相比之下，满足合规性经营要求和拥有足够的风控能力等属于基础性政策要求，也是一家追求利润最大化的小额贷款公司会自发提升的。因此，本节的关键假设是融资资格的获得和融资杠杆率仅与小额贷款公司的社会绩效水平相挂钩，且社会绩效水平越高，所享受的融资上限越高。在此基础上，结合前述模型，将假设条件修改如下：

假设1：小额贷款公司仅经营小额贷款和大额贷款两种业务，其中小额贷款业务占比，记为 α，$\alpha \in [0,1]$，作为衡量其社会绩效的指标。当小额贷款公司资金量一定时，其小额贷款业务占比 α 越高，表明公司向小微客户提供的贷款数量越多，其社会绩效越好。同时监管规定的最低小额贷款业务占比记为$\underline{\alpha}$，低于这一水平属于违规经营。

假设2：小额贷款公司的小额贷款业务占比 α 须高于融资政策规定的小额贷款占比最低水平 $\bar{a}$，才可进行融资，$\bar{a} \in (\underline{\alpha},1)$。

假设3：小额贷款公司的融资杠杆率与社会绩效相挂钩，是其小额贷款业务占比 α 的函数，即 $m = f(\alpha) = \delta\alpha - \theta$，且 $\alpha \in (\bar{a},1)$；其中 $\delta > 0$，表示每提高1单位的小额贷款占比，小额贷款公司的融资杠杆率提高 δ；$\theta > 0$，为常数。因部分省份将小额贷款公司可用融资上限提升到资本净额的200%，故取其最大值，假设权益乘数 $m \in [1,3]$，则上述函数为截断函数。由此可知，当 $\alpha = \bar{a}$ 时，$m = 0$。小额贷款公司融入资金量为 $K(m-1)$。同样，为方便分析，下文将权益乘数称为“融资杠杆率”。

假设 4：设小额贷款公司的单位资金的融资费用率为 β，进行融资产生的所有费用为 E，包括融资利率、满足监管需要的支付的隐形成本等，即有 $E=\beta D$，$\beta>0$。β 与融资政策的严格程度和可用融资渠道数量有关：政策越严格，单位资金的融资费用率 β 越高；可用融资渠道数量越多，单位资金的融资费用率 β 越低。

假设 5：小额贷款公司经营贷款时仅有可变的贷款管理成本，不支付固定成本。可变的贷款管理成本 $C=cK$，其中 $c>0$，为单位贷款管理成本率。

假设 6：小额贷款业务和大额贷款业务的平均贷款利率 r_i、贷款损失率 l_i、单位贷款管理成本率 c_i 均有所差异。其中，$i=1$ 表示小额贷款业务，$i=2$ 表示大额贷款业务。

（2）模型求解及结果分析。基于上述假设条件将小额贷款公司的利润函数改写成：

$$\pi=\alpha Km[(1+r_1)(1-l_1)-c_1]+(1-\alpha)Km[(1+r_2)(1-l_2)-c_2]-\beta K(m-1)-Km \tag{4-6}$$

进一步整理为：

$$\pi=\alpha Km[r_1-r_1l_1-l_1-c_1]+(1-\alpha)Km[r_2-r_2l_2-l_2-c_2]-\beta K(m-1) \tag{4-7}$$

为方便计算，对上述公式进行如下处理：①令 $A_1=[r_1-r_1l_1-l_1-c_1]$，记为“小额贷款单位净利润”；②$A_2=[r_2-r_2l_2-l_2-c_2]$，记为“大额贷款单位净利润”；③假设 $K=1$，即小额贷款公司只有单位自有资金；④将 $m=\delta\alpha+\theta$ 代入上式。则式（4-7）整理为：

$$\pi=\delta(A_1-A_2)\alpha^2+[\theta(A_1-A_2)+\delta(A_2-\beta)]\alpha+\theta(A_2-\beta)+\beta \tag{4-8}$$

进一步整理得到：

$$\pi=\delta(A_1-A_2)\left[\alpha+\frac{\theta(A_1-A_2)+\delta(A_2-\beta)}{2\delta(A_1-A_2)}\right]^2-\frac{[\theta(A_1-A_2)-\delta(A_2-\beta)]^2}{4\delta(A_1-A_2)}+\beta \tag{4-9}$$

将公式（4-4）对 α 求偏导得：

$$\frac{\partial\pi}{\partial\alpha}=2\alpha\delta(A_1-A_2)+[\theta(A_1-A_2)+\delta(A_2-\beta)] \tag{4-10}$$

令$\frac{\partial\pi}{\partial\alpha}=0$，求解得：

$$\alpha^*=\frac{\theta(A_1-A_2)+\delta(A_2-\beta)}{2\delta(A_2-A_1)} \tag{4-11}$$

可知，小额贷款公司的经营选择将由α^*的位置所决定。下面将分情况讨论：

①若$A_2>A_1>\beta>0$或$A_2>\beta>A_1>0$时。此时$\pi(\alpha)$为开口向下的二次函数，可知$\pi(\alpha^*)$为π最大值。因为小额贷款公司不会选择$\pi(\alpha)<0$的经营状态，因此补充假设条件：$\beta-\frac{[\theta(A_1-A_2)-\delta(A_2-\beta)]^2}{4\delta(A_1-A_2)}>0$，以保证$\pi(\alpha^*)>0$。此时，设$\pi(\alpha)=0$的两个点分别为$\alpha_1$和$\alpha_2$，且$0\leqslant\alpha_1\leqslant\alpha^*\leqslant1$。故在$\alpha\in(\alpha_1,\alpha_2)$时，$\pi(\alpha)>0$。下文对于小额贷款占比$\alpha$的讨论，均在区间（$\alpha_1$，$\alpha_2$）内展开。因此，如果$\alpha^*>\bar{\alpha}$，则在区间（$\bar{\alpha}$，$\alpha^*$）内，有$\frac{\partial\pi}{\partial\alpha}>0$，融入资金是占优选择，小额贷款公司会尽可能地提高小额贷款业务占比直到α^*水平，以实现净利润的最大化。此时，虽然融资杠杆率上限限制了小额贷款公司财务绩效的增长范围，但在政策所允许的范围内，融资政策对财务绩效具有促进作用，且能够发挥其激励型作用，促使小额贷款公司提升其社会绩效；而在区间（α^*，1）内，$\frac{\partial\pi}{\partial\alpha}<0$，融入资金是非占优选择，且小额贷款公司不会选择在此区间内经营，此时融资政策失效。如果$\alpha_1<\alpha^*<\underline{\alpha}$，即在小额贷款公司正常经营区间（$\underline{\alpha}$，1）内，$\frac{\partial\pi}{\partial\alpha}<0$恒成立，小额贷款公司不会选择融入资金，且会尽可能地将小额贷款业务占比降到$\underline{\alpha}$水平，以实现更高的净利润。而且，当违规收益大于违规成本时，小额贷款公司还可能选择将小额贷款业务占比α降至（0，$\underline{\alpha}$）区间，直到违规收益等于违规成本。此时，融资政策对小额贷款公司的财务绩效具有负面作用。如果$\underline{\alpha}<\alpha^*<\bar{\alpha}$时，则在区间（$\underline{\alpha}$，$\alpha^*$）内，$\frac{\partial\pi}{\partial\alpha}>0$，在区间（$\alpha^*$，$\bar{\alpha}$）内，$\frac{\partial\pi}{\partial\alpha}<0$，因此，小额贷款公司会选择$\alpha^*$为本公司小额贷款业

务占比水平，以实现净利润最大化。此时，融入资金仍是非占优选择，但小额贷款公司并不会出现违规行为。融资政策对小额贷款公司经营选择无影响。

②若$A_1>A_2>\beta>0$或$A_1>\beta>A_2>0$。此时$\pi(\alpha)$为开口向上的二次函数，可知$\pi(\alpha^*)$为π最小值。此时同样补充假设条件：$\beta-\frac{[\theta(A_1-A_2)-\delta(A_2-\beta)]^2}{4\delta(A_1-A_2)}>0$，以保证$\pi(\alpha^*)>0$。则在区间［0，1］内，恒有$\pi(\alpha)>0$。此时，在区间（$\alpha^*$，1）内，$\frac{\partial\pi}{\partial\alpha}>0$始终成立，融入资金始终是占优选择，小额贷款公司会选择融入资金。但由于此时小额贷款单位净利润高于大额贷款单位净利润，小额贷款公司会主动追求提高小额贷款业务占比，财务绩效和社会绩效可以自然实现兼顾，所以激励型条款和约束型条款没有存在的价值，对融资杠杆率的限制只会对财务绩效造成负面影响。而在区间（$\underline{\alpha}$，α^*）内，$\frac{\partial\pi}{\partial\alpha}<0$，提高小额贷款占比不利于财务绩效的提升，所以降低小额贷款业务占比是占优选择，所以短期内小额贷款公司可能将小额贷款业务占比降低至（$\underline{\alpha}$，$\bar{a}$）区间内，但由于此时并不能获得融资，因此长期内小额贷款公司会选择尽快将小额贷款业务占比提升至α^*以上水平，以获得更高收益。

③若$\beta>A_2>A_1>0$或$\beta>A_1>A_2>0$。此时，融资成本明显高于资金收益，小额贷款公司不会选融入资金，此时融资政策的激励型条款失效。另外，当$\beta>A_2>A_1>0$时，约束型条款有效，但小额贷款公司会尽可能地将小额贷款业务占比，甚至在违规收益大于违规成本时，选择违规经营，将其降至（0，$\underline{\alpha}$）区间，直到违规收益等于违规成本；而当$\beta>A_1>A_2>0$时，发放小额贷款是占优选择，小额贷款公司会自发地提高小额贷款业务占比，此时约束型条款失效。

（3）模型研究结论。通过上述理论分析可以得知，随着约束条件的变化，融资政策发挥的作用也不同。具体情况如表4-1所示，主要分为三种情况：一是若大额贷款净收益大于小额贷款净收益，且仅在最优小贷业务占比α^*大于政策限制$\bar{a}$时，融资政策对小额贷款公司财务绩效有促进作用。二是当小额贷款净收益大于大额贷款净收益时，小额贷款公司会自发选择提高小贷业务占比，此时融资激励条款和最低业务占比限制的存在价值消失，但融资杠杆率限制约束了财务绩效的提升。三是当融资费用率大于两种贷款业务的净收益时，小额贷款公司不会选择融资，激励条款失效，但约束型条款会对财务绩效造成负面影响。对于其他情况，融资政策对财务绩效有负向作用或失效。

表 4－1　　不同条件下融资政策的效果

<table>
<tr><th>一级条件</th><th>二级条件</th><th>区间</th><th>判断条件</th><th>经营选择</th><th>政策效果</th></tr>
<tr><td rowspan="5">$A_2>A_1>\beta>0$
或
$A_2>\beta>A_1>0$</td><td rowspan="2">$\alpha^*>\overline{a}$</td><td>$(\overline{a}, \alpha^*)$</td><td>$\frac{\partial\pi}{\partial\alpha}>0$</td><td>1. 融入资金
2. 提高小贷占比</td><td>融资杠杆率限制内，正向作用</td></tr>
<tr><td>$(\alpha^*, 1)$</td><td>$\frac{\partial\pi}{\partial\alpha}<0$</td><td>1. 不融资
2. 降低小贷占比</td><td>失效</td></tr>
<tr><td rowspan="2">$\alpha_1<\alpha^*<\underline{\alpha}$</td><td>$(\underline{\alpha}, 1)$</td><td>$\frac{\partial\pi}{\partial\alpha}<0$</td><td>1. 降低小贷占比
2. 正常经营</td><td>负向作用</td></tr>
<tr><td>$(\alpha^*, \underline{\alpha})$</td><td>$\frac{\partial\pi}{\partial\alpha}<0$</td><td>1. 不融资
2. 违规经营，直到违规收益、成本相等</td><td>负向作用</td></tr>
<tr><td>$\underline{\alpha}<\alpha^*<\overline{a}$</td><td>$\alpha^*$</td><td>$\frac{\partial\pi}{\partial\alpha^*}=0$</td><td>1. 不融资
2. 正常经营</td><td>失效</td></tr>
<tr><td rowspan="2">$A_1>A_2>\beta>0$
或
$A_1>\beta>A_2>0$</td><td>—</td><td>$(\alpha^*, 1)$</td><td>$\frac{\partial\pi}{\partial\alpha}>0$</td><td>1. 融入资金
2. 提高小贷占比</td><td>正向作用</td></tr>
<tr><td>—</td><td>$(\underline{\alpha}, \alpha^*)$</td><td>$\frac{\partial\pi}{\partial\alpha}<0$</td><td>提高小贷占比</td><td>失效</td></tr>
<tr><td>$\beta>A_2>A_1>0$</td><td>—</td><td>—</td><td>融资成本过高</td><td>1. 不融资
2. 降低小贷占比，甚至违规经营</td><td>负向作用</td></tr>
<tr><td>$\beta>A_1>A_2>0$</td><td>—</td><td>—</td><td>融资成本过高</td><td>1. 不融资
2. 提升小贷占比</td><td>失效</td></tr>
</table>

现阶段，情况一最接近于我国小额贷款公司的经营实际。随着激励型融资政策逐渐替代约束型融资政策，小额贷款公司面临的融资约束程度有所削弱：一方面，小额贷款公司能够享受更高的融资杠杆率上限，进而增加了可贷资金规模，提高了利润水平；另一方面，多元化的融资方式也降

低了小额贷款公司的融资成本，提高了单位贷款净利润。而且，激励型融资政策将小额贷款占比等条款与融资政策等级相挂钩，对小额贷款公司施加正向激励，形成“提高小额贷款占比—融入更多资金—财务绩效提升”的良性循环，实现了政策目标。因此，现阶段激励型融资政策对小额贷款公司的财务绩效具有促进作用。

为了更好地发挥政策的激励型作用，可以通过降低 $\bar{a}$ 或提高α^*两种方式来达到目标。因为 $\bar{a}$ 代表可获得融资资格的最低社会绩效水平，而且 $\bar{a}$ 需要大于正常经营下的最低社会绩效水平$\underline{\alpha}$，所以对 $\bar{a}$ 的调整幅度有限，并且过分降低 $\bar{a}$ 违背了政府设定小额贷款公司的初衷。因此，从长期看，提高α^*的数值是占优选择。通过计算公式可以得知，有三种方式可以提高α^*的数值：①提高 δ，即小额贷款公司提高社会绩效水平时，允许其融入更高比例的资金，也就是进一步提高融资杠杆率上限。②降低融资费用率 β，小额贷款公司的融资费用包含融资利率和为满足监管要求支付的其他费用，因此，监管部门可以增加可用的融资方式的类型，使小额贷款公司可根据自己经营特点选择费用率更低的融资渠道；并且，监管部门可以通过提高审批效率等方式降低小额贷款公司的其他费用支出。③缩小A_2和A_1之间的差距，即缩小大额贷款单位净利润与小额贷款单位净利润的差距。根据A_1的计算公式可知，小额贷款单位净收益由贷款利率 r、贷款损失率 l、管理成本 c 所决定，在市场利率相对固定的条件下，小额贷款公司通过改善管理能力和信贷技术，能够缩小A_2和A_1之间的差距，进而从融资中获得更多的利润。所以，政府应通过多种方式激励小额贷款公司提高运作效率，以实现财务绩效和社会绩效的兼顾。

综上所述，提高小额贷款公司能够享受的融资比例上限、拓宽融资渠道以降低融资费用率、促进小额贷款公司改善运作效率，是发挥激励型融资政策的可行选择，有利于促进小额贷款公司财务绩效的提升。

基于此，提出本章假设：地方政府推动融资政策变迁，实施激励型融资政策、提高融资比例上限、拓宽融资渠道等措施对小额贷款公司财务绩效有正向影响。

4.2 融资政策对财务绩效影响的实证分析

4.2.1 样本选择

本章所用数据来源于2015年、2016年、2017年对全国范围内小额贷款公司展开的3次的问卷调查。由于本章主要研究政策变迁对小额贷款公司多重绩效的影响，考虑到政策效果具有一定的时滞性，需要保证面板数据的时间跨度。因此，在剔除重复样本后，本章选择了具有3年及以上年份统计数据的小额贷款公司作为研究样本，最终形成346家小额贷款公司2009～2016年的非平衡面板数据，共计1695组年度观测值。样本小额贷款公司经营年限分布和样本观测值年度分布如表4-2和表4-3所示。可以发现，样本小额贷款公司的经营年限普遍在5年以上，能够保证样本包含的时间信息；此外，公司数量和样本观察值的年度分布也接近正态分布，保证了数据结构的均衡。

表4-2　　样本小额贷款公司经营年限分布

经营持续时间（年）	公司数量（家）	占比（%）
3	5	1.45
4	21	6.07
5	70	20.23
6	68	19.65
7	67	19.36
8	84	24.28
9	25	7.23
10	4	1.16
11	2	0.58
总计	346	100

表 4-3　　样本观测值年度分布

观测值组数	公司数量（家）	占比（%）
2009	78	4.60
2010	134	7.91
2011	237	13.98
2012	317	18.70
2013	340	20.06
2014	345	20.35
2015	151	8.91
2016	93	5.49
总计	1695	100

4.2.2　变量选择与模型构建

为了检验融资政策对小额贷款公司财务绩效的影响，本节构建以下基础模型：

$$Y_{it} = \alpha_0 + \alpha_1 X_{it} + \alpha_i Control_{it} + \delta_{it} \tag{4-12}$$

其中 i 代表第 i 家小额贷款公司，t 表示年份。Y_{it} 为衡量小额贷款公司财务绩效的变量，X_{it} 表示融资政策变量，$Control_{it}$ 表示其他影响小额贷款公司财务绩效实现的特征变量，δ_{it} 为残差。模型中涉及的变量具体选取如下：

（1）被解释变量 Y_{it}。参照第 3 章界定，选择资产利润率（ROA）和净资产利润率（ROE）作为衡量小额贷款公司财务绩效的变量。ROA（资产利润率）用来衡量小额贷款公司利用所有资源创造利润的能力，ROE（净资产利润率）用来衡量小额贷款公司运用所有者权益创造利润的能力，同时作为稳健性检验。两个指标数值越大，表明小额贷款公司的财务绩效越好。

（2）关键解释变量：融资政策变量。参照第 3 章界定，本章使用三种融资政策变量，分别是：实行激励型融资政策（Policy），提升融资杠杆率上限（Limit），拓展融资渠道种类（Channel）。基于本章第一节的理论模型分析，假设融资政策变迁与小额贷款公司财务绩效正相关。

（3）其他控制变量。根据数理模型相关假设，参照前人研究成果，选择以下变量作为控制变量。

①贷款行业集中度（HHI）。贷款行业集中度是小额贷款公司信贷结构的体现。一方面，企业普遍以追求利润最大化为第一目标，经营者会将信贷资源从低收益部门流向高收益部门，特别是在经济增长趋缓的时期，将授信和贷款集中到大行业、大企业，所以贷款行业集中度较高可能有利于改善机构财务绩效；但从另一方面看，贷款集中投向某一行业可以导致贷款质量结构失衡，机构将面临潜在的系统性风险，对财务绩效产生负面影响。因此，贷款行业集中度对财务绩效的影响需要实证检验。

②营业费用率（OER）。营业费用率能够反映小额贷款公司贷款经营成本的信息。营业费用率指标越小，说明小额贷款公司的单位贷款经营成本越低。根据数理模型结果，当小额贷款公司的单位经营成本较高时，意味着单位贷款的利润较低。所以，营业费用率与小额贷款公司的财务绩效呈负向关系。

③平均贷款利率（AIR）。小额贷款公司的主要收入为贷款利息收入，所以平均贷款利率越高，小额贷款公司的收入越高。但随着贷款利率的升高，逆向选择和道德风险问题会愈发突出，可能会提高贷款损失率，对财务绩效造成负面影响。所以，平均贷款利率与财务绩效可能呈现“倒U形”关系。

④合计风险准备金率（Reserve）。小额贷款公司作为主营信贷业务的金融机构，信贷风险状况与财务绩效息息相关。数理模型结论显示，公司的经营风险越大，贷款损失率越高，财务绩效就越差。所以，合计风险准备金率应与财务绩效负相关。由于本章调研数据中缺少足够的不良贷款率数据，所以使用合计风险准备金率（Reserve）作为衡量公司信贷风险的代理变量。

⑤流动资产比例（RCA）。流动资产比例反映企业资产的流动性。根据资产结构理论，当公司资产的流动性越好时，调整资产结构的能力也越强，越容易把握投资机会，这可以降低融资约束造成的负面影响，从而改善公司财务绩效。此外，与一般工商业企业不同，小额贷款公司的流动资产主要是发放的短期贷款和营收账款，当公司流动资产占比越高时，一定程度上表明公司贷款周转速度较快，有助于提高财务绩效。所以，流动资产比例应与财务绩效正相关。

⑥信用和保证贷款占比（Credit）。相比于抵押贷款，信用和保证贷款的经营风险更大。一方面，信用和保证贷款不要求债务人提供抵质押品，将增加小额贷款公司的经营风险，而且当贷款出现延期、违约等情况时，小额贷款公司也难以进行清收、处理。另一方面，信用和保证贷款需要对债务人的信息透明度提出更高的要求，但申请小额贷款公司信用和保证贷款的客户资质普遍较低，信息透明度较差，这无疑加大了信贷员的工作难度，需要支付更多的信息获取成本。因此，信用和保证贷款占比与财务绩效负相关。

⑦中长期贷款占比（Long）。金融机构让渡资产使用权的期限越长，回收资产的不确定性越大，因此金融机构通常对长期贷款收入要求更高的风险补偿，即贷款利率。但高利率又可能引发道德风险和逆向选择问题，进一步加重风险。所以，信贷员需要对借款人进行更详细的贷前调查，贷后维护的次数也会更多，相应提高了经营支出。当小额贷款公司的贷款业务长期贷款占比越高，其业务风险越大，支付的经营成本也越多。此外，中长期贷款数量越多，公司的贷款周转速度越慢，单位时间内的利润也越低。因此，中长期贷款占比应与财务绩效负相关。

表 4－4　　变量定义及说明

变量名称	符号	定　义
资产负债率	ROA	净利润/评价期内平均总资产
净资产利润率	ROE	净利润/评价期内平均所有者权益
融资政策 1	Policy	是否实施激励型融资政策，是 =1，否 =0
融资政策 2	Limit	是否提升融资杠杆率上限，是 =1，否 =0
融资政策 3	Channel	是否拓展融资渠道，是 =1，否 =0
贷款集中度	HHI	分行业贷款笔数占比的平方和
营业费用率	OER	营业费用/平均贷款余额
年平均利率	AIR	年平均利率
合计风险准备金率	Res	呆账准备率 + 贷款损失准备金率
流动资产占比	RCA	流动资产/总资产
信用和保证贷款占比	Credit	信用贷款和保证贷款发放笔数/当年累计贷款发放笔数
中长期贷款占比	Long	半年以上非信用、保证贷款笔数/当年累计贷款发放笔数

在变量选择的基础上，将模型（4－12）具体表示为以下3个模型：

$$Y_{it} = \alpha_0 + \alpha_1 Policy_{it} + \alpha_2 HHI_{it} + \alpha_3 OER_{it} + \alpha_4 Reserve_{it} + \alpha_5 RCA_{it} + \alpha_6 AIR_{it} + \alpha_7 Credit_{it} + \alpha_8 Long_{it} + \delta_{it} \quad (4-13)$$

$$Y_{it} = \alpha_0 + \alpha_1 Channel_{it} + \alpha_2 HHI_{it} + \alpha_3 OER_{it} + \alpha_4 Reserve_{it} + \alpha_5 RCA_{it} + \alpha_6 AIR_{it} + \alpha_7 Credit_{it} + \alpha_8 Long_{it} + \delta_{it} \quad (4-14)$$

$$Y_{it} = \alpha_0 + \alpha_1 Limit_{it} + \alpha_2 HHI_{it} + \alpha_3 OER_{it} + \alpha_4 Reserve_{it} + \alpha_5 RCA_{it} + \alpha_6 AIR_{it} + \alpha_7 Credit_{it} + \alpha_8 Long_{it} + \delta_{it} \quad (4-15)$$

4.2.3 统计性描述和相关性分析

对变量进行统计性描述，具体结果见表4－5。样本小额贷款公司资产利润率（ROA）和净资产利润率（ROE）的均值分别为5.108%和6.429%，整体盈利状况较好，其中资产利润率高于我国商业银行同期统计数据，净资产利润率小于我国商业银行同期统计数据[①]。但ROA和ROE的标准差分别为3.733和4.955，不同样本小额贷款公司之间差异较大，个别公司处于亏损状态。

表4－5　变量的统计性描述

变量名	样本量	均值	标准差	最小值	最大值
ROA	1537	5.108	3.733	－10.598	19.275
ROE	1508	6.429	4.955	－16.299	28.652
Policy	2768	0.420	0.494	0	1
Limit	2768	0.349	0.477	0	1
Channel	2768	0.402	0.490	0	1
HHI	1378	0.444	0.251	0.097	1
OER	1359	0.038	0.050	0.001	0.537
Reserve	980	0.036	0.086	0.000	1.864

① 2011—2016年，我国商业银行ROA保持在1%—2%，ROE始终保持在10%以上。资料来源于中国银监会网站。

续表

变量名	样本量	均值	标准差	最小值	最大值
RCA	1695	0. 930	0. 201	0. 001	1
AIR	1326	16. 957	3. 668	5. 5	26
Credit	1412	0. 001	0. 279	0	1
Long	1399	0. 483	0. 344	0	1

表 4 - 6 为小额贷款公司综合评价指标与财务绩效变量资产利润率（ROA）和净资产利润率（ROE）的 Person 相关系数统计。政策变量 Policy、Limit、Channel 均与资产利润率（ROA）和净资产利润率（ROE）均在 1% 的显著性水平上正相关。这表明从统计角度分析，融资政策变迁与小额贷款公司的财务绩效具有正相关关系，且这一关系在 1% 的显著性水平上成立。此外，平均贷款利率（AIR）和信用、保证贷款占比（Credit）和流动资产比率（RCA）与资产利润率（ROA）和净资产利润率（ROE）正相关，且相关关系在 1% 的显著性水平上成立。营业费用率（OER）和合计准备金率（Reserve）则与资产利润率（ROA）和净资产利润率（ROE）在 1% 的显著性水平上负相关。而中长期贷款占比（Long）与资产利润率（ROA）具有显著的正相关关系，但与净资产利润率（ROE）在统计上没有显著的相关关系。总体而言，相关系数分析结果与前述分析结果基本一致。

表 4 - 6　　主要变量相关性分析

	Policy	Limit	Channel	HHI	OER	Reserve	RCA	AIR	Credit	Long
ROA	0. 146 *** (0. 00)	0. 179 *** (0. 00)	0. 129 *** (0. 00)	- 0. 041 0. 15	- 0. 263 *** (0. 00)	- 0. 084 *** 0. 01	0. 009 *** 0. 71	0. 308 *** (0. 00)	0. 055 ** (0. 05)	- 0. 074 *** (0. 01)
ROE	0. 187 *** (0. 00)	0. 212 *** (0. 00)	0. 164 *** (0. 00)	- 0. 041 (0. 15)	- 0. 254 *** (0. 00)	- 0. 088 *** (0. 01)	0. 021 (0. 41)	0. 327 *** (0. 00)	0. 047 * (0. 09)	- 0. 039 0. 17

注：（1）*** 、** 和 * 分别表示在 1% 、5% 和 10% 水平上显著。

（2）括号内为 P 值。

4. 2. 4　计量结果分析

本章分别使用资产利润率（ROA）和净资产利润率（ROE）作为财务

绩效的代理变量，以虚拟变量 Policy、Limit、Channel 分别作为融资政策的代理变量，使用混合 OLS 模型、随机效应模型和固定效应模型对模型进行回归。表 4 - 7 和表 4 - 8 分别展示了不同模型的回归结果。根据 BP - LM 检验结果可知，在所有的组合中，随机效应模型均优于混合 OLS 模型；Hausman 检验结果显示，随机效应模型均优于固定效应模型。因此，以随机效应模型的回归结果作为最终实证结果，但为了展现结果的稳健性，依然列出了固定模型的回归结果。通过比较表 4 - 7 和表 4 - 8 的回归结果可以发现，各模型的拟合结果基本一致。具体分析如下：

表 4 - 7　融资政策对财务绩效（ROA）影响的回归结果

ROA	激励型融资政策实施		突破融资上限		扩展融资渠道	
	固定效应	随机效应	固定效应	随机效应	固定效应	随机效应
Policy	0.2278 (-0.56)	0.4371* (1.66)				
Limit			0.5477 (1.29)	0.9343*** (3.56)		
Channel					0.3494 (-0.88)	0.3994 (1.53)
HHI	0.5493 (0.51)	0.3344 (0.58)	0.4393 (0.41)	0.3364 (0.58)	0.5680 (0.53)	0.3351 (0.58)
OER	-8.1427** (-2.41)	-11.4607*** (-4.33)	-8.2145** (-2.44)	-10.9486*** (-4.16)	-8.0872** (-2.40)	-11.4642*** (-4.33)
Reserve	-7.0101** (-2.11)	-4.0894 (-1.62)	-7.2919** (-2.20)	-4.3247* (-1.72)	-6.9517** (-2.09)	-4.0788 (-1.61)
RCA	1.5967* (1.74)	0.7897 (1.18)	1.5764* (1.72)	0.7655 (1.16)	1.5978* (1.74)	0.7995 (1.20)
AIR	0.2164*** (3.40)	0.2620*** (6.88)	0.2294*** (3.62)	0.2574*** (6.82)	0.2136*** (3.36)	0.2628*** (6.90)
Credit	-0.5050 (-0.48)	-0.2170 (-0.42)	-0.5526 (-0.53)	-0.2520 (-0.49)	-0.4997 (-0.48)	-0.2176 (-0.42)
Long	-0.0261 (-0.03)	-0.4062 (-0.94)	-0.1328 (-0.17)	-0.3480 (-0.82)	-0.0058 (-0.01)	-0.4101 (-0.95)

续表

ROA	激励型融资政策实施		突破融资上限		扩展融资渠道	
	固定效应	随机效应	固定效应	随机效应	固定效应	随机效应
常数项	1.1829 (0.68)	0.8392 (0.79)	0.7139 (0.41)	0.7113 (0.68)	1.2726 (0.73)	0.8429 (0.80)
BP - LM 检验	38.24 (0.0000)		36.56 (0.0000)		37.16 (0.0000)	
Hausman 检验	9.68 (0.2884)		5.82 (0.6676)		11.26 (0.1874)	

注：(1) ***、** 和 * 分别表示在 1%、5% 和 10% 水平上显著。

(2) 固定效应模型括号中为 t 值，随机效应模型括号中为 z 值，BP - LM 检验和 Hausman 检验括号中为 P 值。

表 4-8　融资政策对财务绩效（ROE）影响的稳健性检验

ROE	激励型融资政策实施		突破融资上限		扩展融资渠道	
	固定效应	随机效应	固定效应	随机效应	固定效应	随机效应
Policy	0.0540 (0.10)	1.1449*** (3.29)				
Limit			0.9442* (1.72)	1.6448*** (4.75)		
Channel					-0.1028 (-0.20)	1.0749*** (3.11)
HHI	0.9279 (0.66)	0.3051 (0.40)	0.8033 (0.58)	0.3145 (0.41)	0.9569 (0.69)	0.3055 (0.40)
OER	-8.6070** (-2.02)	-12.8018*** (-3.81)	-8.5329** (-2.01)	-12.0055*** (-3.59)	-8.5371*** (-2.00)	-12.8002*** (-3.81)
Reserve	-10.2515** (-2.39)	-8.4219** (-2.53)	-10.5471** (-2.46)	-8.7008*** (-2.64)	-10.1738** (-2.37)	-8.4076** (-2.53)
RCA	2.5138** (2.05)	1.6617* (1.82)	2.4866** (2.03)	1.6763* (1.86)	2.5183** (2.05)	1.6833* (1.85)
AIR	0.3393*** (4.09)	0.3791*** (7.55)	0.3523*** (4.27)	0.3707*** (7.45)	0.3364*** (4.06)	0.3812*** (7.59)

续表

ROE	激励型融资政策实施		突破融资上限		扩展融资渠道	
	固定效应	随机效应	固定效应	随机效应	固定效应	随机效应
Credit	-0.8424 (-0.62)	-0.2357 (-0.34)	-0.8928 (-0.65)	-0.2787 (-0.41)	-0.8307 (-0.61)	-0.2384 (-0.34)
Long	0.0108 (0.01)	-0.1108 (-0.19)	-0.1147 (-0.11)	-0.0311 (-0.05)	0.0328 (0.03)	-0.1182 (-0.21)
常数项	-0.3134 (-0.14)	-0.8785 (-0.62)	-0.7976 (-0.35)	-0.9385 (-0.67)	-0.2147 (-0.09)	-0.8810 (-0.62)
BP-LM 检验	44.47 (0.0000)		44.37 (0.0000)		43.23 (0.0000)	
Hausman 检验	8.61 (0.2815)		9.34 (0.2288)		10.45 (0.2348)	

注：(1) ***、** 和 * 分别表示在 1%、5% 和 10% 水平上显著。

(2) 固定效应模型括号中为 t 值，随机效应模型括号中为 z 值，BP-LM 检验和 Hausman 检验括号中为 P 值。

(1) 融资政策变迁对小额贷款公司财务绩效具有显著的正向影响。表 4-7 结果显示，以资产利润率（ROA）和净资产利润率（ROE）作为因变量时，政策变量 Policy 的回归系数分布在 10% 和 1% 的显著性水平上为正，表明激励型融资政策能够提升小额贷款公司的财务绩效。细分来看，政策变量 Limit 的回归系数均在 1% 的显著性水平上为正，表明融资上限提升能够显著提升小额贷款公司的资产利润率（ROA）和净资产利润率（ROE）；在资产利润率（ROA）方程中，政策变量 Channel 的回归系数并不显著，但在净资产利润率（ROE）方程中，政策变量 Channel 的回归系数在 1% 的显著性水平上为正，表明拓宽融资渠道能显著地提高小额贷款的净资产利润率。整体上看，不同变量组合的回归结果显示，融资政策变迁对小额贷款公司财务绩效具有显著的促进作用。在现有的经济环境下，融入资金始终是小额贷款公司的占优选择。随着激励型融资政策在各省份的实施，小额贷款公司面临的融资约束程度有所削弱：一方面，小额贷款公司能够享受更高的融资杠杆率上限，这使得小额贷款公司有机会融入更多资金来改善资产结构，接近帕累托最优水平，而且资金规模的扩大也有助于产生规模经济，促进公司价值最大化的实现；另一方面，融资渠道的增加也拓展了小额贷款公司的选择余地，能根据自身的经营特点选择匹配的融资方式，从而降低融资成本，提升财务绩效。

（2）营业费用率对财务绩效有显著的负面影响。在以资产利润率（ROA）和净资产利润率（ROE）分别作因变量的模型中，营业费用率（OER）的回归系数均在 1% 的显著性水平上为负。这说明营业费用率对小额贷款公司财务绩效有显著的抑制作用。小额贷款公司的融资费用率越高，其单位贷款的经营成本越高，相应的单位贷款收益越低，财务绩效表现也就越差。

（3）平均贷款利率对财务绩效有显著的正向影响。表 4 - 7 和表 4 - 8 的结果均显示，在不同的回归模型中，平均贷款利率（AIR）的回归系数均在 1% 的显著性水平上为正。这表明小额贷款公司的平均贷款利率越高，其财务绩效表现越好。原因在于小额贷款公司的主要业务收入是贷款利息收入，在同等经营规模下，贷款业务的平均贷款利率越高，收入规模就越大，经营利润也相对更高。为了验证平均贷款利率与财务绩效之间是否存在“倒 U 形”关系，本章在基础模型中加入了变量 AIR 的平方项 AIRSQ，重新进行回归。但结果显示平方项 AIRSQ 的系数并不显著，因此可判断现阶段贷款利率升高并未产生显著的道德风险和逆向选择问题，未对财务绩效产生严重的负面影响，即平均贷款利率与财务绩效之间尚不存在“倒 U 形”关系。鉴于本书结构原因，并未展示相关回归结果。

（4）流动资产占比对净资产利润率有显著的正向影响。在以净资产利润率（ROE）为被解释变量的模型中，流动资产占比（RCA）的回归系数均在 10% 的统计性水平上显著为正。这表明流动资产比例对净资产利润率有显著的正向影响。原因在于，小额贷款公司的流动资产占比越高，表明经营者对公司资产的利用越充分，可获得的贷款利息收入越高；而且公司资产的流动性越好，越能够把握投资机会，降低融资约束的负面影响，从而改善财务绩效。

（5）合计风险准备金率对净资产利润率有显著的负向影响。在以净资产利润率（ROE）为被解释变量的模型中，合计风险准备金率（Reserve）的回归系数均在 1% 的显著性水平上为正。这说明，合计风险准备金率

(Reserve) 越高，小额贷款公司的净资产利润率越差，因为合计风险准备金率 (Reserve) 越高，小额贷款公司潜在的贷款损失率越高。不良贷款的出现不仅未给机构带来经营收益，还占用了大量经营资金，一旦出现损失，还要由小额贷款公司的自有资金承担，从而对净资产利润率 (ROE) 产生负面影响。

(6) 贷款行业集中度、信用和保证贷款占比、中长期贷款占比对财务绩效无显著影响。在不同因变量的模型中，贷款集中度 (HHI)、信用和保证贷款占比 (Credit) 和中长期贷款占比 (Long) 的回归系数均不显著。表明这三个因素对小额贷款公司的财务绩效无显著影响。

4.3 本章小结

本章通过构建约束型融资政策的数理模型和激励型融资政策的数理模型，分析了各省份融资政策影响小额贷款公司财务绩效的作用机制。在此基础上，本章利用 346 家小额贷款公司 2009—2016 年的非平衡面板数据，对融资政策变迁与小额贷款公司财务绩效的关系进行了实证检验。主要结论如下：

第一，约束型融资政策对小额贷款公司的财务绩效造成了负面影响，不利于发挥服务“三农”、小微企业的作用。理论上，影响贷款收入规模的因素主要有可贷资金规模、贷款利率、贷款周转率等。约束型融资政策规定的融资杠杆率上限限制了小额贷款公司可贷资金规模，进而约束了经营利润的增长，并且在小额贷款业务单位净收益普遍低于大额贷款业务的背景下，政策要求的小额贷款业务最低占比也降低了公司可能的利润水平，进而对财务绩效造成负面影响。因此，可贷资金规模受限不仅制约了小额贷款公司的金融供给能力，还导致经营者倾向于提高贷款利率和贷款周转率，这又会降低小微客户的信贷可得性。

第二，激励型融资政策对小额贷款公司的财务绩效具有促进作用。随着激励型融资政策逐渐替代约束型融资政策，小额贷款公司面临的融资约束程度有所削弱：一方面，小额贷款公司能够享受更高的融资杠杆率上限，进而增加了可贷资金规模，提高了利润水平；另一方面，多元化的融资方式也降低了小额贷款公司的融资成本，提高了单位贷款净利润。此外，激励型融资政策将小额贷款占比等条款与融资政策等级相挂钩，对小额贷款公司施加正向激励，形成“提高小额贷款占比—融入更多资金—财务绩效提升”的良性循环，既实现了政策目标，也促进了财务绩效的提升。

第三，小额信贷业务单位净利润较低是财务绩效和社会绩效不能兼顾的核心因素。由于小额信贷业务单位净利润低于大额贷款业务单位净利润，经营者在追求利润最大化时会放弃开展小额信贷业务。所以，缩小小额信贷业务与大额贷款业务在净利润方面的差距，有助于提升社会绩效。由于贷款利率、贷款损失率、管理成本是影响贷款业务单位净利润的关键因素，在贷款利率相对固定的背景下，小额贷款公司通过改善信贷技术和提升治理能力，降低贷款损失率和管理成本，有助于缩小两类业务的单位利润差距，且有利于发挥激励性融资政策的作用。因此，政府应鼓励小额贷款公司改善信贷技术，提升治理能力，促进社会绩效和财务绩效的兼顾。

第 5 章

融资政策对小额贷款公司社会绩效的影响

小额贷款公司的设立是我国农村金融领域重要的制度创新，打破了农村金融领域原有的垄断状态。政府设立小额贷款公司旨在降低农村金融领域的制度性交易费用，以商业可持续的方式满足小微企业和农户等金融弱势群体的信贷需求，即实现社会绩效的目标。但在实践中，向低收入群体等受传统金融机构排斥的人群提供小额信贷服务的成本高、风险大，且预期收益率较低，导致财务绩效和社会绩效之间存在矛盾；而且融资杠杆率约束的存在又加剧了二者之间的矛盾。因此，地方金融监管部门和相关利益主体推动融资政策变迁，希望借助激励型融资政策解决这一问题，以实现政策初衷。那么，约束型融资政策和激励型融资政策如何影响小额贷款公司的社会绩效？激励型融资政策能够促进小额贷款公司提高社会绩效水平？为了探究这些问题，本章分别构建基于约束型融资政策和激励型融资政策的博弈模型，分析政策对小额贷款公司经营选择乃至社会绩效的影响。然后利用调研数据实证分析，并提出相关政策建议。

5.1　融资政策影响小额贷款公司社会绩效的理论分析

从第 3 章的分析可以得出，政府制定融资政策的根本目标是使小额贷款公司坚持服务“三农”的政策定位，缓解低收入人群的贷款难题。但是，由于社会绩效是小额贷款公司经营者的次要追求目标，是追求财务绩效过程中与监管部门博弈的结果，本章选择博弈框架分析不同类型融资政策对社会绩效的影响。

5.1.1　完全信息下的静态监管博弈模型

基于约束型融资政策，结合小额贷款公司与监管部门的行为特征，构建完全信息下的静态监管博弈模型。

（1）模型基本假设。根据第 3 章的分类，中央层面的融资政策规定及各省份最初执行的融资政策是约束型政策，主要包括两方面的限制：一是小额信贷占比等社会绩效水平达到监管要求，可获得融资格；二是融资杠杆率限制为 d∈[0,0.5]。因此，基于此项政策规定，结合完全信息下的博弈模型相关理论要求，做出如下假设：

①博弈主体为小额贷款公司（记为 A）与监管部门（记为 B），均为“理性经济人”，做出符合自身利益最大化的策略选择。

②博弈双方非合作，不存在先后顺序问题，是静态博弈。

③博弈双方之间不存在信息不对称，监管部门可获得对方的真实信息。

④在约束型融资政策规定下，小额贷款公司的策略集为（违规经营，正常经营），违规经营是指小额贷款公司违背融资政策规定，小额贷款占比等社会绩效水平未达到监管要求；正常经营是指小额贷款公司社会绩效水平达到监管要求的经营情况。其中违规经营的概率为 p∈[0,1]；监管者策略集为（审查，不审查），其中审查的概率为 q∈[0,1]。

⑤小额贷款公司正常经营时，将自有资金 K 按规定投入小额信贷市场，可获得收益为R^n；并且正常经营时，可获得融入资金 $D=dK$，d∈[0,0.5]，为融资杠杆率，经营融入资金可获得收益$R^d=\mathrm{d}R^n>0$。当违规经营时，可获得超额收益$R^e>0$，但违规经营被审查时受到处罚 $L=l(R^n+R^e)$，$0<l\leqslant 1$。

⑥小贷公司正常经营使得监管部门获得正常社会绩效N^n，融入资金正常经营可获得额外社会绩效$N^d=dN^n$；小贷公司违规经营时，监管部门绩效受到效率损失$T^n=t(R^n+R^e)$，$0<t<1$；当小额贷款公司因违规经营被处罚时，所遭受的处罚损失 L 全部转化为监管部门收益，L 代表融资政策的严格程度，当 L 越大，融资政策越严格，对违规行为的容忍度越小，反之则越大。监管部门每次进行审查时，支付固定监管成本 $C>0$。

根据小贷公司和监管部门行为选择，将其博弈策略及收益归纳为表 5－1。

表 5－1　完全信息下小贷公司和监管部门博弈支付矩阵

参与人	行动	监管者	
		审查（q）	不审查（$1-q$）
小额贷款公司	违规（p）	R^n+R^e-L， N^n-T^n+L-C	R^n+R^e， N^n-T^n
	正常（$1-p$）	$R^n(1+d)$， $N^n(1+d)-C$	$R^n(1+d)$， $N^n(1+d)$

小额贷款公司正常经营收益R^n和监管部门正常社会绩效N^n及损失T^n的数值不影响模型结果，因此均可假设为 0，博弈支付矩阵精简为表 5 - 2。

表 5 - 2　　　完全信息下博弈支付矩阵简化表

参与人	行动	监管者	
		审查（q）	不审查（$1-q$）
小额贷款公司	违规（p）	R^e-L，$L-C$	R^e，0
	正常（$1-p$）	R^d，$-C$	R^d，0

（2）博弈均衡求解。根据支付矩阵可知，当小贷公司不违规时，监管部门不审查的收益大于审查（$0>-C$），其最优选择为不审查。但当监管部门选择不审查时，小额贷公司是否违规取决于R^d和R^e的大小：当$R^d>R^e$时，小额贷款公司不违规，当$R^d<R^e$时，小额贷款公司选择违规经营。当小额贷款公司选择不违规时，监管部门的占优选择是不监管。若小贷公司选择违规时，监管部门审查的选择取决于 L 和 C 的大小。当 $L>C$ 时，最优选择为审查；当 $L<C$ 时，最优选择为不审查。若监管部门选择审查时，小贷公司的最优选择取决于违规经营的净收益（R^e-L）与融资收益R^d的大小，当$(R^e-L)>R^d$时，违规经营是占优选择，当$(R^e-L)<R^d$时，正常经营是占优选择。因此，该博弈模型的结果取决于 L 和 C 以及R^d+L 和R^e的大小。具体分为以下 4 种情况：

①$R^e>R^d+L$ 且 $L>C$，小额贷款公司违规经营收益大于正常经营收益，监管部门审查收益大于审查成本，则小额贷款公司选择违规经营，监管部门选择审查，此时博弈存在纯策略纳什均衡（违规，审查），该均衡也是占优均衡。

②当$R^e>R^d+L$ 且 $L<C$ 时，小额贷款公司违规经营收益大于正常经营收益，监管部门审查收益大于审查成本，则小额贷款公司选择违规经营，监管部门选择不审查，此时博弈存在纯策略纳什均衡（违规，不审查），该均衡也是占优均衡。

③当$R^e<R^d+L$ 或$R^e<R^d$时，小额贷款公司占优策略是正常经营，监管部门占有选择是不审查，此时博弈存在纯策略纳什均衡（正常，不审查），该均衡也是占优均衡。

④当$R^d + L > R^e > R^d$且$L > C$时，监管部门审查收益大于审查成本，监管部门会选择审查，但小额贷款公司违规经营净收益小于正常经营，因此不会选择违规；而小额贷款公司不违规时时，监管部门选择不审查，此时小额贷公司的占优选择变为违规……此时不存在纯策略纳什均衡，只存在混合策略纳什均衡，须利用小贷公司和监管部门的期望表达式进行求解。

小额贷款公司期望收益为：

$$\begin{aligned} U(A) &= p[q(R^n + R^e - L) + (1-q)(R^n + R^e)] + (1-p)[qR^n(1+d) \\ &\quad + (1-q)R^n(1+d)] \\ &= R^n + R^d + p(R^e - qL - R^d) \end{aligned} \tag{5-1}$$

监管部门的期望收益为：

$$\begin{aligned} U(B) &= q\{p(N^n - T^n + L - C) + (1-p)[N^n(1+d) - C]\} \\ &\quad + (1-q)[p(N^n - T^n) + (1-p)N^n(1+d)] \\ &= N^n - pT^n + (1-p)N^d + qpL - qC \end{aligned} \tag{5-2}$$

则两个方程的最优一阶必要条件为

$$\frac{\partial U(A)}{\partial p} = R^e - dR^n - qL = 0 \tag{5-3}$$

$$\frac{\partial U(B)}{\partial q} = p \times L - C = 0 \tag{5-4}$$

由式（5－3）求得监管部门最优的审查概率为$q^* = \frac{R^e - R^d}{L}$；

由式（5－4）求得小贷公司最优违规概率为$p^* = \frac{C}{L}$。

所以，混合策略纳什均衡$\left(p^* = \frac{C}{L},\ q^* = \frac{R^e - R^d}{L}\right)$。将上述混合策略纳什均衡结果表示为图5－1和图5－2，进行进一步分析。

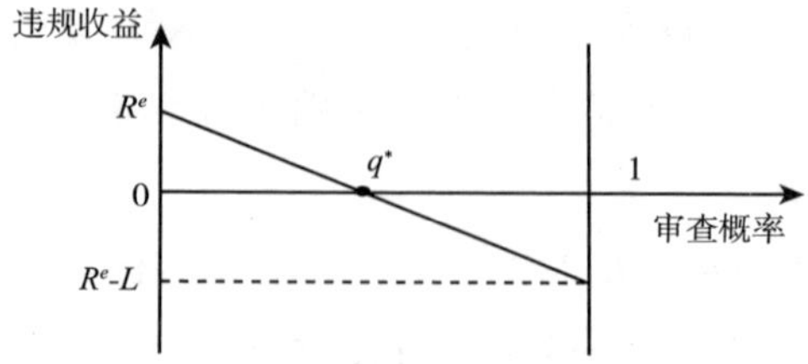

图5－1　监管部门审查概率

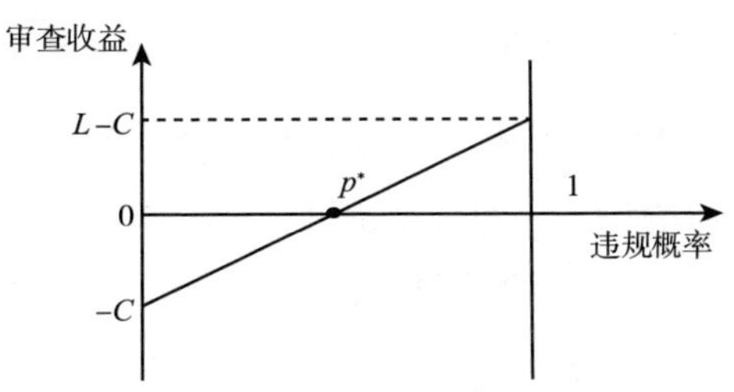

图 5-2　小额贷款公司违规概率

图 5-1 为监管部门审查策略概率图，其中横轴为监管部门审查概率区间为［0，1］，纵轴为小贷公司选择“违规”经营策略的期望收益，（1，R^e-L）和（0，R^e）两点间连线为双方博弈结果的线性表达，直线与横轴交点为监管部门最优审查概率$q^*=\frac{R^e-R^d}{L}$。由图 5-1 可知，当监管部门采取审查的概率 $q<\frac{R^e-R^d}{L}$，即对融资资格的审核较宽松时，小贷公司“违规”经营策略的期望收益均为正，则小贷公司会选择“违规”策略；当监管部门采取审查的概率 $q>\frac{R^e-R^d}{L}$，即融资的审核较严时，小贷公司“违规”经营策略的期望收益均为负，则小贷公司会选择“不违规”策略；当审查概率 $q=\frac{R^e-R^d}{L}$时，小贷公司“违规”经营策略的期望收益为 0，则小贷公司随机选择“违规”或“不违规”。

图 5-2 为小贷公司“违规”策略概率图，横轴表示小贷公司选择“违规”策略的概率，区间为［0，1］，纵轴代表监管部门选择“审查”策略的期望收益。（1，$L-C$）和（0，$-C$）两点间连线为双方博弈结果的线性表达，直线与横轴交点为监管部门最优审查概率 $p^*=\frac{C}{L}$。由图 5-2 可知，当小贷公司采取违规的概率 $p<\frac{C}{L}$，即违规经营的可能性较小时，监管部门选择“审查”的期望收益均为负，则监管部门会选择“不监管”策略；当小贷公司采取违规的概率 $p>\frac{C}{L}$，即违规经营的可能性较大时，监管部门选择“审查”的期望收益均为正，则监管部门会选择“审查”策略；当违规概率

$p=\dfrac{C}{L}$时，监管部门选择“审查”策略的期望收益为0，则监管部门随机选择“审查”或“不审查”。

（3）均衡结果影响因素分析。从求解结果可以得出，4种情况中只有$R^d+L>R^e>R^d$时存在不稳定的结果，所以着重分析这种情况下影响均衡结果的因素。

当$R^d+L>R^e>R^d$时，仅有混合策略纳什均衡。根据均衡结果，小额贷款公司违规经营受到的处罚损失L能同时降低小额贷款公司的违规概率和监管机构的监管概率。如图5－3和图5－4所示，当监管机构对违规经营的容忍度降低，即处罚损失从L上升到L_1时，小额贷款公司的最优违规经营概率从p^*下降到p_2^*，监管部门最优审查概率从q^*下降到q_2^*。

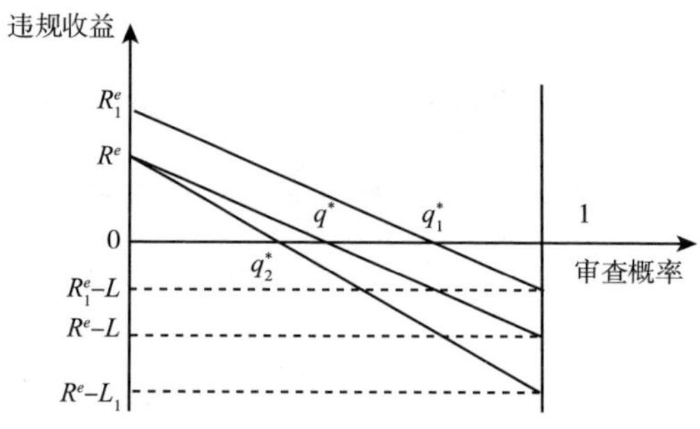

图5－3　监管部门审查概率变动

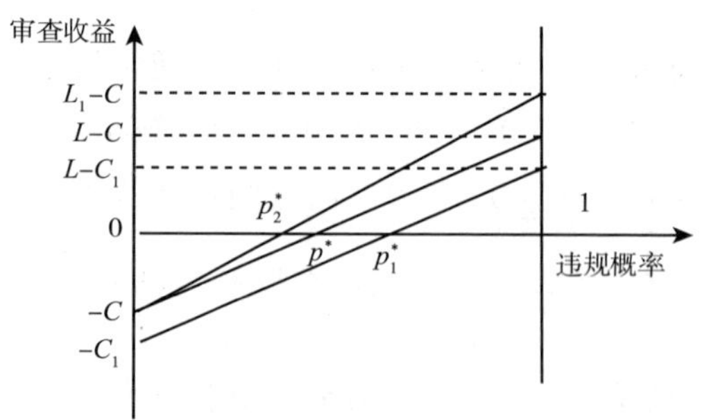

图5－4　小额贷款公司违规概率变动

此外，小额贷款公司违规概率还是监管部门监管成本C的影响，且p是C的增函数，即监管部门的审查成本越大时，小贷公司的违规概率越高。如

图 5-4 所示，当审查成本从 C 增加到 C_1 时，小贷公司的最优违规概率从 p^* 上升到 p_1^*。但是在实践中，监管部门支付的审查成本主要是监管人员的报酬支出，这部分支出是相对固定的，所以基本不会对小额贷款公司违规概率造成影响。监管部门的审查概率 q 还受小贷公司违规收益 R^e 和融资收益 R^d 的影响。其中，q 是 R^e 的增函数，即小贷公司违规经营所得的超额收益越大，监管部门审查的概率就越大，如图 5-3 所示，当小贷公司违规经营超额收益从 R^e 增加到 R_1^e 时，监管部门的最优审查概率从 q^* 上升到 q_1^*。此外，审查概率 q 是 R^d 的减函数，即小额贷款公司融资收益越高，监管部门认为小额贷款公司违规经营的概率越小，则实施审查的概率就越小。但在约束型融资政策背景下，小额贷款公司的融资杠杆率有限，其融资收益变动的可能性较小，所以对监管部门审查概率的影响也较小。

（4）完全信息静态博弈模型的研究结论。融资政策和政府监管的目标是约束小额贷款公司的违规行为，以保证其坚持政策。所以，融资政策对小额贷款公司违规经营概率产生抑制作用时才是有效的。从上述分析可以看出，在约束型融资政策背景下，小额贷款公司违规经营收益 R^e、被查处的损失 L 和融资收益 R^d 是博弈的关键。其中违约收益 R^e 代表着违规经营的诱惑力，被查处损失 L 和融资收益 R^d 代表着监管的约束力。小贷公司是否违规，取决于违规经营的诱惑与监管约束的比较，当诱惑大于约束，即 $R^e > R^d + L$ 时，不管监管部门是否审查，小贷公司都会选择违规；只有当监管约束大于违规获利的诱惑时，即 $R^e < R^d + L$ 时小贷公司才可能不选择违规经营。由混合策略纳什均衡结果可以看出，随着小额贷款公司被处罚损失 L 的增大，其最优违规概率 p^* 和监管最优概率 q^* 均呈下降趋势，即融资政策越严格，小额贷款公司违规经营的概率越小，同时也降低了监管部门进行处罚的概率。融资政策越严格，也意味着融资资格获取难度的增加，从而提高了融资收益 R^d，也降低了小额贷款公司违规经营的概率。

因此，融资政策的严格程度和监管部门执行政策的力度是保证政策有效性的关键因素。当政策越严格、执行力度越强，小额贷款公司违规经营的概率越低，从而保证小额贷款公司坚持政策定位。但是，这种方式并没有降低违规经营对小额贷款公司经营者的诱惑力，当监管力度削弱时，其最优选择仍然是选择违规经营；而且从绝对水平角度考虑，在发放小额信贷不能给机构带来更多利益的条件下，小额贷款公司的最优选择是将小额信贷占比维持在监管最低要求水平上，并不会主动提升社会绩效水平。所以，严格的融资政策只是通过政策的强制力和约束力来保证政策目标的实现，但并未有效解决政策目标与小额贷款公司经营目标之间的矛盾。

5.1.2 不完全信息下的静态监管—激励博弈模型

（1）模型拓展及构建。在完全信息模型中，假设小额贷款公司与监管机构之间不存在信息不对称，这与现实情况相比有一定差异。在实践中，小额贷款公司掌握着自身真实的经营信息，当公司违规经营后，为了避免监管部门获得真实信息导致公司受到处罚，小额贷款公司倾向于隐藏真实信息；而且在监管部门对小额贷款公司经营信息进行审查时，受种种因素制约也未必能获得小额贷款公司的真实经营信息，这造成了博弈双方的信息不对称。所以，需要修正信息对称的假设。此外，激励型融资政策逐渐成为各省份融资政策的核心内容，而完全信息模型中也未充分考虑激励型条款因素。因此，此部分将对完全信息模型进行拓展，修正和增加关键假设，分析不完全信息下小额贷款公司和监管部门之间的博弈行为：

①假设小额贷款违规经营后，隐藏真实信息的概率为 $\alpha(0<\alpha<1)$，同时支付固定隐藏信息成本 $C_1>0$，所以小贷公司策略集合改变为（违规经营且隐藏信息，违规经营但未隐藏信息，正常经营）。

②假设监管部门在进行审查时，发现真实信息的概率为 $\beta(0<\beta<1)$，未发现真实信息的概率为 $1-\beta$，且监管部门发现真实信息的概率只取决于监管人员的负责程度，当监管人员负责任时，可以发现公司的真实信息，监管人员不负责任时则不能发现公司真实信息，即该概率可视为监管人员是否负责任的概率。监管部门每次审查支付固定成本，记为 C_2，且 $L>C_2$。则监管部门策略集合改变为（审查时发现隐藏信息，审查时未发现隐藏信息，不审查）。

③现行融资政策推出了一系列的激励型措施，以激励小额贷款公司提高社会绩效。根据政策规定，小额贷款公司正常经营且满足监管要求的，可从外部获得融资，扩大经营规模，不满足监管要求则不允许融资，只能

以自有资本经营。故假设小额贷款公司正常经营时可从外部融入资金 D，而且小额贷款公司的社会绩效水平越高，从外部融入的资金 D 就越大；如果小额贷款公司将融入资金 D 用于小额贷款业务经营，可获得经营收益 $R^d = dR^d \geq 0$，同时为监管部门带来额外收益 $N^d = \theta R^d$，$0 < \theta < 1$。同时假定存在因监管人员审查时失职，将违规小额贷款公司误判为正常经营的情况，此时小贷公司仍可进行融资，且获得经营收益 R^d，且不支付违规惩罚，而监管机构获得相应收益 N^d。

由此，小贷公司与监管部门的博弈策略及收益归纳为表 5 - 3。

表 5 - 3　　不完全信息下小贷公司和监管部门博弈支付矩阵

参与人	行动	监管部门		
		审查，发现 $q\beta$	审查，未发现 $q(1-\beta)$	不审查 $1-q$
小额贷款公司	违规，隐藏 $p\alpha$	$R^n + R^e - C_1 - L$, $N^n + L - T^n - C_2$	$R^n + R^d + R^e - C_1$, $N^n + N^d - T^n - C_2$	$R^n + R^d + R^e - C_1$, $N^n + N^d - T^n$
	违规，不隐藏 $P(1-\alpha)$	$R^n + R^e - L$, $N^n + L - T^n - C_2$	$R^n + R^d + R^e$, $N^n + N^d - T^n - C_2$	$R^n + R^e + R^d$, $N^n + N^d - T^n$
	正常 $1-p$	$R^n + R^d$, $N^n + N^d - C_2$	$R^n + R^d$, $N^n + N^d - C_2$	$R^n + R^d$, $N^n + N^d$

小额贷款公司正常经营收益 R^n 和监管部门正常社会绩效 N^n 及损失 T^n 的数值不影响模型结果，因此均可假设为 0，则支付矩阵简化为表 5 - 4。

表 5 - 4　　不完全信息下博弈支付矩阵简化表

参与人	行动	监管部门		
		审查，发现 $q\beta$	审查，未发现 $q(1-\beta)$	不审查 $1-q$
小额贷款公司	违规，隐藏 $p \cdot \alpha$	$R^e - C_1 - L$，$L - C_2$	$R^d + R^e - C_1$，$N^d - C_2$	$R^d + R^e - C_1$，N^d
	违规，不隐藏 $P(1-\alpha)$	$-L$，$L - C_2$	$R^d + R^e$, $N^d - C_2$	$R^e + R^d$, N^d
	不违规 $1-p$	R^d，$N^d - C_2$	R^d，$N^d - C_2$	R^d，N^d

（2）博弈均衡求解。由支付矩阵可知，当监管部门审查不力时，小贷公司最优策略是违规经营；而小贷公司违规时，监管部门是否审查取决于 $L-C_2$ 和 N^d 的大小；若监管部门审查，则小额贷款公司的选择取决于 R^d 和 R^e-L-C_1 的大小。因此可见，该博弈模型只存在混合策略纳什均衡结果。故利用小贷公司和监管部门的期望收益进行求解。

小额贷款公司的期望收益和监管部门期望收益分别为：

$$U(A)=R^e+p[R^e-\alpha C_1-q\beta(L+R^d)] \quad (5-5)$$

$$U(B)=N^d+q[p\beta(L-N^d)-C_2] \quad (5-6)$$

其最优化的一阶必要条件为：

$$\frac{\partial U}{\partial p}=R^e-\alpha C_1-q\beta(L+R^d)=0 \quad (5-7)$$

$$\frac{\partial U}{\partial q}=p\beta(L-N^d)-C_2=0 \quad (5-8)$$

由公式（5-7）和公式（5-8）解得混合策略纳什均衡 $\left(p^*=\frac{C_2}{\beta(L-N^d)},q^*=\frac{R^e-\alpha C_1}{\beta(L+R^d)}\right)$。

（3）均衡结果分析。

①最优违规概率的影响因素分析。由混合策略纳什均衡结果可知，小额贷款公司的最优违规概率 $p^*=\frac{C_2}{\beta(L-N^d)}$，即取决于监管机构的监管成本和处罚收益的对比。

第一，N^d 与最优违规概率正相关。N^d 是小额贷款公司经营融入资金为监管部门所带来的收益，其数值与融资政策所允许的融资数量正相关。当 N^d 越大时，小贷公司最优违规概率越大。这是因为 N^d 可以被视为监管部门审查的机会成本，当小额贷款公司可融入的资金量越大时，投入小额信贷市场的资金越多，给监管部门带来的收益也越大；但当监管部门对违规小贷公司进行审查时，此部分收益消失，另获得处罚收入 L，所以监管部门真实监管收益是 $L-N^d$。因此，小贷公司认为 N^d 的增加会提高监管部门审查的机会成本，从而降低其审查概率。此外，当能轻易地得到更多的融入资金 D 且小额贷款公司将自有资金和融入资金都用于大额贷款业务时，能够获得更高的收益，所以小额贷款公司违规经营的概率会更大。

第二，最优违规概率与监管部门监管成本 C_2 正相关。因为小贷公司认为，当每次审查所支付的成本 C_2 提高时，监管部门便会降低审查的频率，因此每家公司被审查到的可能性就会降低，所以小贷公司就会提升违规经营的倾向。

第三，最优违规概率与监管人员负责任程度 β、政策的严格程度 L 负相关，即小贷公司认为，当监管人员更加负责任时，公司真实经营信息被发现的可能性越大，违规经营被处罚的概率就越高，所以小贷公司会降低违规经营概率。处罚收益 L 代表政策的严格程度和监管部门对违规行为的容忍程度，也是小贷公司违规经营的机会成本，L 越大表明政策越严格，对违规行为的容忍度越低，因此小贷公司会降低违规经营的概率。

②最优审查概率的影响因素分析。监管部门的最优审查概率 $q^* = \frac{R^e - \alpha C_1}{\beta(L + R^d)}$，即取决于小额贷款公司违规经营的期望收入和机会成本。

第一，最优审查概率与小额贷款公司的超额收益 R^e 正相关，即监管部门认为，当小额贷款公司违规经营所获得的超额收益越高时，其违规经营的可能性越大，因此，监管部门也会提高自身审查的概率。

第二，最优审查概率与隐藏信息的概率 α、信息隐藏成本 C_1、监管人员负责任程度 β、政策严格程度 L、公司融资经营收益 R^d 负相关，即监管部门认为：小额贷款公司隐藏信息的概率较低、隐藏成本较高时，小额贷款公司更可能选择不违规经营，所以监管部门便会降低其审查的概率；当监管人员更加负责任、监管部门对违规经营的处罚更严重、公司融资经营收益 R^d 越高时，会提高小贷公司违规经营的机会成本从而降低其违规经营的可能性，相应地，监管部门也会降低其审查的概率。

(4) 不完全信息静态博弈模型的研究结论。根据前文分析可知，制约小额贷款公司的违规经营行为并提高社会绩效水平是激励型融资政策的目标。从均衡结果显示，政策的严格程度 L、监管人员负责任程度 β 及融资激励因素（R^d 和 N^d）同时影响最优违规概率 p^* 和最优审查概率 q^*；而根据小额贷款公司期望收益函数可知，经营融资收益 R^d 和违规经营净收益（$R^e - L - C_1$）的大小是小额贷款公司最终决定是否违规融资的关键。所以，根据这些关键因素，可以得出以下结论：

首先，加强约束机制是约束小额贷款公司违规经营行为的关键因素。政策的严格程度 L 和监管人员负责任程度 β 会同时引起 p^* 和 q^* 的下降。原因在于当政策越严格，对违规经营行为的处罚力度 L 越大时，会向小额贷款公司传递强监管的信号，增大小额贷款公司违规经营的机会成本，具体表现在小额贷款公司违规经营净收益（$R^e - L - C_1$）会变小；而监管人员的工作态度越好，博弈双方的信息不对称程度越低，小额贷款公司成功隐瞒经营信息的概率也越低。因此，这将降低小额贷款公司的违规经营倾向，更倾向于遵循融资政策要求，坚持服务小微的政策定位，相应地，监管部门的最优审查概率也随之下降。

其次，更高的融资激励能够实现提升社会绩效的政策目标。根据均衡结果，虽然小额贷款公司融入资金为监管部门带来的收益 N^d 与小额贷款公司最优违规概率 p^* 正相关，但小额贷款公司是否作出违规经营的选择，最终要根据 R^d 和（$R^e - L - C_1$）的大小来判断。当政策所给予的融资激励不断提升，直到经营融入资金所得收益 R^d 大于违规经营净收益（$R^e - L - C_1$）时，小额贷款公司放弃违规经营行为，且会选择遵循融资政策要求，不断提升社会绩效水平，以获得更高的融资收益 R^d。所以，激励型融资政策以更高的财务收益为诱因，从根本上削弱了财务绩效和社会绩效之间的矛盾，约束了小额贷款公司的违规经营行为，并且有效激励小额贷款公司追求更高的社会绩效水平，实现了政策目标。

最后，政府可以通过严格落实激励型融资政策的方式提高社会绩效水平和促进地方金融稳定。一方面，地方监管部门通过强化对小额贷款公司的融资激励，提高融资额度上限和拓宽融资来源，从而增加在小额信贷市场上的资金投放量，提升了社会绩效水平，而且从长期看，也有助于促进地方金融市场发展；另一方面，监管部门通过提升监管人员的责任意识，严格执行融资资格审查，加强对违规行为的处罚力度，既降低了小额贷款公司的违规经营倾向，也减轻了监管部门的工作负担，促进地方金融稳定。总体而言，严格落实激励型融资政策，是实现政策目标的有效措施。

基于以上研究结论，提出本章假设：激励性融资政策的实施、融资杠杆率上限的提升、融资渠道的拓展对小额贷款公司社会绩效有正向影响。

5.2　融资政策对社会绩效影响的实证分析

5.2.1　样本选择

本章所用样本数据与第 4 章相同，详见“4.2.1 样本选择”。

5.2.2　变量选择与模型构建

为了检验融资政策对小额贷款公司社会绩效的影响因素，本节构建以下模型：

$$Y_{it} = \alpha_0 + \alpha_1 X_{it} + \alpha_i Control_{it} + \delta_{it} \tag{5-9}$$

其中 i 代表第 i 家小额贷款公司，t 表示年份。Y_{it} 为衡量小额贷款公司社会绩效的变量，X_{it} 表示融资政策变量，$Control_{it}$ 表示其他影响小额贷款公司社会绩效实现的特征变量，δ_{it} 为残差。模型中涉及的变量具体选取如下（见表 5－5）：

表 5－5　　变量定义及说明

变量名称	符号	定　　义
小微客户占比	Micro	当年 50 万元以下贷款累放笔数/当年贷款累计发放笔数
调整后平均贷款规模	Depth	平均单笔贷款金额/注册地人均 GDP
融资政策 1	Policy	是否进行融资政策变迁，是 =1，否 =0
融资政策 2	Limit	是否提升融资杠杆率上限，是 =1，否 =0
融资政策 3	Channel	是否拓展融资渠道，是 =1，否 =0
资产负债率	DR	总负债/总资产
营业费用率	OER	营业费用/平均贷款余额
合计风险准备金率	Reserve	呆账准备率 + 贷款损失准备金率
总资产规模	lnasset	ln（总资产）
年平均利率	AIR	年平均利率
信用和保证贷款占比	Credit	当年信用贷款和保证贷款笔数/当年累计贷款发放笔数
中长期贷款占比	Long	半年以上期限非信用、保证贷款笔数/当年累计贷款发放笔数

注：为方便行文，“调整后的平均贷款规模”在下文表述成“平均贷款规模”。

(1) 被解释变量Y_{it}。参照第3章界定，选择小微客户占比 (Micro) 和平均贷款规模 (Depth) 作为衡量小额贷款公司社会绩效的变量。Micro 用来衡量小额贷款公司的服务广度，该指标越大，表明小额贷款公司服务的小微客户越多，社会绩效越好；Depth 用来衡量小额贷款公司的服务深度，该指标越小，表明小额贷款公司服务的客户层次越深，社会绩效越好。

(2) 关键解释变量：政策变量。参照第3章界定，本章使用3种融资政策变量，分别是：实行激励型融资政策 (Policy)，提升融资杠杆率上限 (Limit)，拓展融资渠道种类 (Channel)。基于本章5.1节的理论模型，假设融资政策变迁与小额贷款公司社会绩效正相关。

(3) 其他控制变量。

①资产负债率 (DR)。资产负债率是衡量小额贷款公司资产质量的指标。根据优序融资理论，债务融资的成本要小于权益融资。然而，小额贷款公司在经营中使用最多的是成本较高的权益资金，难以使用成本相对较低的债务资金。因此，使用债务资金能有效降低小额贷款公司的资金成本，并且资金规模的扩大也可能产生规模经济，进一步降低经营资金成本，小额贷款公司也越有能力去服务中低收入群体。因此，资产负债率应与平均贷款规模负相关，与小微客户占比正相关。

②营业费用率 (OER)。营业费用率能够反映小额贷款公司贷款经营成本的信息。营业费用率指标越小，说明小额贷款公司的单位贷款经营成本越低。当小额贷款公司的单位经营成本较高时，向中低收入群体发放贷款所获得边际收益要低于高收入群体，所以小额贷款公司的经营者倾向于发放较大额度的贷款或减少小额贷款的发放数量，以获得更高的收益。因此，营业费用率与小额贷款公司的平均贷款规模呈负向关系，与小微客户占比呈正向关系。

③合计风险准备金率 (Reserve)。小额贷款公司作为主营信贷业务的金融机构，信贷风险状况与绩效表现息息相关。一般研究认为，公司的经营风险越大，绩效表现越差。由于本章调研数据中缺少足够的不良贷款率数据，所以使用合计风险准备金率作为衡量公司信贷风险的代理变量，以控制经营风险对绩效的影响。

④总资产规模 (Lnasset)。总资产规模代表了小额贷款公司的资金实

力，会对小额贷款公司的绩效表现产生显著影响，但各省份对小额贷款公司注册资本的要求不尽相同，所以需要对此变量加以控制。同时，为了减轻数据的异方差，本章对总资产进行对数化处理。

⑤平均贷款利率（AIR）。鉴于小微贷款业务具有更高的经营成本和风险，小额贷款公司普遍对此业务收取较高的贷款利息。然而，过高的利息水平可能会降低中低收入群体申请贷款的概率，特别是涉农领域的客户，他们从事的行业易受自然风险、市场风险等因素影响，收益波动性大，难以承受较高的贷款利率。因此，贷款利率越高，小额贷款公司发放的涉农贷款和小微贷款数量越少，平均贷款额度也越大。

⑥信用和保证贷款占比（Credit）。相比于抵押贷款，信用和保证贷款的经营成本更低，也更匹配小微客户的经济特征，所以信用和保证贷款是解决中低收入者贷款难问题的有效措施。因此，小额贷款公司可以利用信用和保证贷款这两种贷款方式服务更多的中低收入群体，即信用和保证贷款占比和小微客户占比正相关，与平均贷款规模负相关。

⑦中长期贷款占比（Long）。农业的自然特性导致农业资金具有周转慢和季节性等经济特征，所以涉农客户普遍偏好于较长期限的贷款；并且农业的低利润特征也就决定了他们难以承受多次支付贷款申请成本。而中长期贷款能够较好地匹配他们的贷款需求，也能降低小额贷款公司在单位时间内付出的贷款经营成本，从而满足更多的小微客户的信贷需求。因此，小额贷款公司发放的中长期贷款笔数越多，其所服务的小微客户数量越多，平均贷款规模也越低。

在变量选择的基础上，将公式（5-9）具体表示为以下 6 个公式：

$$Micro_{it} = \alpha_0 + \alpha_1 Policy_{it} + \alpha_2 DR_{it} + \alpha_3 OER_{it} + \alpha_4 Pro_{it} + \alpha_5 lnasset_{it} + \alpha_6 AIR_{it} + \alpha_7 Credit_{it} + \alpha_8 Longloan_{it} + \delta_{it} \tag{5-10}$$

$$Micro_{it} = \alpha_0 + \alpha_1 Limit_{it} + \alpha_2 DR_{it} + \alpha_3 OER_{it} + \alpha_4 Pro_{it} + \alpha_5 lnasset_{it} + \alpha_6 AIR_{it} + \alpha_7 Credit_{it} + \alpha_8 Longloan_{it} + \delta_{it} \tag{5-11}$$

$$Micro_{it} = \alpha_0 + \alpha_1 Channel_{it} + \alpha_2 DR_{it} + \alpha_3 OER_{it} + \alpha_4 Pro_{it} + \alpha_5 lnasset_{it} + \alpha_6 AIR_{it} + \alpha_7 Credit_{it} + \alpha_8 Longloan_{it} + \delta_{it} \tag{5-12}$$

$$Depth_{it} = \alpha_0 + \alpha_1 Policy_{it} + \alpha_2 DR_{it} + \alpha_3 OER_{it} + \alpha_4 Pro_{it} + \alpha_5 lnasset_{it} + \alpha_6 AIR_{it} + \alpha_7 Credit_{it} + \alpha_8 Longloan_{it} + \delta_{it} \tag{5-13}$$

$$Depth_{it} = \alpha_0 + \alpha_1 Limit_{it} + \alpha_2 DR_{it} + \alpha_3 OER_{it} + \alpha_4 Pro_{it} + \alpha_5 lnasset_{it} + \alpha_6 AIR_{it} + \alpha_7 Credit_{it} + \alpha_8 Longloan_{it} + \delta_{it} \quad (5-14)$$

$$Depth_{it} = \alpha_0 + \alpha_1 Channel_{it} + \alpha_2 DR_{it} + \alpha_3 OER_{it} + \alpha_4 Pro_{it} + \alpha_5 lnasset_{it} + \alpha_6 AIR_{it} + \alpha_7 Credit_{it} + \alpha_8 Longloan_{it} + \delta_{it} \quad (5-15)$$

5.2.3 统计性描述与相关性分析

(1) 统计性描述。对本节所用变量进行统计性描述，具体结果见表5-6。样本小额贷款公司的小微客户占比（Micro）均值为0.44，最小值0.0047，最大值为1，表明样本小额贷款公司的小微客户占比整体偏低，且差异性较大。调整后的平均贷款规模均值为33.64，即样本小额贷款公司的平均单笔贷款规模是注册地人均GDP的33.64倍，远高于国际小额信贷通行的界定标准——平均单笔贷款金额不超过所在国家人均GDP的4倍，说明样本小额贷款公司所服务的客户整体层次相对较高，即为微小企业和农村大户等县域内相对优质的客户。并且，样本小额贷款公司的平均贷款利率均值为16.957%，也显著高于银行等金融机构，表明小额贷款公司的客户面临较高的信贷成本。

表5-6　变量的统计性描述

变量名	样本量	均值	标准差	最小值	最大值
Micro	1412	0.44	0.306	0.004	1
Depth	1396	33.64	35.887	0.11	395.77
Policy	2768	0.420	0.494	0	1
Limit	2768	0.349	0.477	0	1
Channel	2768	0.402	0.490	0	1
DR	1378	0.444	0.251	0.097	1
OER	1359	0.038	0.050	0.001	0.537
Reserve	980	0.036	0.086	0.000	1.864
lnasset	1695	18.981	1.031	14.946	22.613
AIR	1326	16.957	3.668	5.5	26
Credit	1412	0.70	0.279	0	1
Long	1399	0.48	0.344	0	1

为了对小额贷款公司的社会绩效进行更准确的平均，下面对小微客户占比（Micro）、平均贷款规模（Depth）、信用和保证贷款占比（Credit）、中长期贷款占比（Long）和平均贷款利率（AIR）等指标作更详细的分析。表 5 - 7 为上述变量的分年度统计。根据统计结果可以看出，样本小额贷款公司的服务广度总体呈上升趋势，2011—2016 年，样本小额贷款公司的小微客户占比（Micro）均值从 42% 上升至 50%。同时，样本小额贷款公司的服务深度也在持续深化，平均贷款规模（Depth）从 2011 年的 38.56 倍下降至 2016 年的 26.13 倍。不过，小微客户占比（Micro）和平均贷款规模（Depth）每年的中位数均低于每年均值，说明大部分样本小额贷款公司的社会绩效水平尚未达到平均水平，仍有较大的提升空间。另外，样本小额贷款公司信用和保证贷款占比（Credit）保持稳定，均保持在 66% 以上，2011—2016 年仅有小幅度降低，并且每年的中位数均大于当年均值，这说明信用和保证贷款是小额贷款公司最常用的贷款方式，符合小微客户的信贷需求。此外，中长期贷款占比（Long）呈现逐渐上升趋势，从 2011 年的 43% 上升至 2016 年的 56%，而且 2015 年和 2016 年中位数均大于当年均值，表明越来越多的小额贷款公司发放中长期贷款，更加匹配小微客户的信贷需求。最后，2011—2016 年，平均贷款利率（AIR）均值从 17% 下降至 15%，整体呈现下降趋势。贷款利率的下降有助于减轻贷款客户的信贷成本，有助于提升小微客户的信贷可获得性。不过也应注意到，样本小额贷款公司的平均贷款利率（AIR）每年的中位数均高于或等于当年均值，且最小值有小幅上升，说明样本小额贷款公司的整体贷款利率水平仍较高，这将导致获得贷款的客户是财务状况相对较好的人群，即多是微小企业和农村大户等县域内中高收入群体。

表 5 - 7　样本小额贷款公司相关指标分年度统计

变量	项目	2011 年	2012 年	2013 年	2014 年	2015 年	2016 年
Micro	中位数	0.36	0.36	0.37	0.37	0.47	0.45
	均值	0.42	0.42	0.43	0.43	0.48	0.50
Depth	中位数	27.00	26.21	21.97	21.40	19.95	19.78
	均值	38.56	38.11	32.66	31.43	28.43	26.13

续表

变量	项目	2011 年	2012 年	2013 年	2014 年	2015 年	2016 年
Credit	中位数	0.77	0.76	0.75	0.78	0.74	0.73
	均值	0.69	0.69	0.71	0.70	0.69	0.66
Long	中位数	0.38	0.40	0.44	0.48	0.66	0.61
	均值	0.43	0.45	0.48	0.49	0.57	0.56
AIR	最小值	0.06	0.06	0.07	0.08	0.08	0.07
	中位数	0.18	0.18	0.17	0.17	0.17	0.15
	均值	0.17	0.17	0.17	0.17	0.16	0.15
	最大值	0.25	0.26	0.24	0.24	0.22	0.24

注：（1）变量 Micro、Depth、Credit 和 Long 等变量的最小值多数为 0，最大值多数为 1，没有明显趋势，故不进行展示。

（2）因变量 Credit 和 AIR 数据缺失，未展示 2009 年和 2010 年数据，对统计结论无影响。

（2）变量的相关性分析。表 5－8 为小额贷款公司综合指标与社会绩效变量小微客户占比（Micro）和平均贷款规模（Depth）的 Person 相关系数统计。从结果看，政策变量 Policy、Limit 和 Channel 与小微客户占比（Micro）均未呈现显著的相关关系，但与平均贷款规模（Depth）均呈现显著的负相关关系，与理论分析结果一致。此外，资产负债率（DR）、营业费用率（OER）、合计风险准备金率（Reserve）、信用和保证贷款占比（Credit）和中长期贷款占比（Long）与小微客户占比（Micro）均在不同的显著性水平上正相关，与平均贷款规模（Depth）在不同的显著性水平上负相关，表明这些变量与社会绩效存在正相关关系；而平均贷款利率（AIR）与额贷款占比（Micro）和平均贷款规模（Depth）分别呈现显著的负相关关系和正相关关系，即平均贷款利率与社会绩效负相关。

表 5－8　　主要变量相关性分析

	Policy	Limit	Channel	DR	OER	Reserve	lnasset	AIR	Credit	Long
Micro	-0.021 (0.42)	-0.021 (0.44)	0.005 (0.84)	0.046* (0.09)	0.240*** (0.00)	0.102*** (0.00)	-0.001 (0.97)	-0.079*** (0.00)	0.058** (0.03)	0.327*** (0.00)
Depth	-0.063** (0.02)	-0.044* (0.10)	-0.065*** (0.01)	-0.046* (0.09)	-0.188*** (0.00)	-0.084*** (0.01)	-0.118*** (0.00)	0.051* (0.07)	-0.066** (0.02)	-0.151*** (0.00)

注：（1）***、** 和 * 分别表示在 1%、5% 和 10% 水平上显著。

（2）括号内为 P 值。

5.2.4 计量结果分析

为了检验融资政策对小额贷款公司社会绩效的影响，本章分别使混合 OLS 模型、随机效应模型和固定效应模型对式（5－2）至式（5－7）进行了回归分析；所有的 BP－LM 检验结果显示，随机效应模式均优于混合 OLS 模型。Hausman 检验结果显示，固定效应模型优于随机效应模型。为了得到一致估计量，本章需要对数据进行截面异方差、组内自相关和截面同期相关的处理。常用的计量方法有可行广义最小二乘估计（FGLS）、面板校正标准差估计（PCSE）和随机效应或固定效应搭配稳健标准误估计等。由于可行广义最小二乘估计（FGLS）、面板校正标准差估计（PCSE）适用于长面板数据，而本章所用数据为短面板数据，所以选用固定效应搭配 Driscoll－Kraay 稳健标准误的估计方法，以保证回归结果的一致性。为了展现结果的稳健性，依然列出了随机效应模型的回归结果。通过比较表 5－9 和表 5－10 所展示的回归结果，各模型的拟合效果基本一致，具体分析如下：

表 5－9 融资政策对社会绩效（服务广度）影响的回归结果

Rural	激励型融资政策实施		突破融资上限		扩展融资渠道	
	固定效应	随机效应	固定效应	随机效应	固定效应	随机效应
Policy	0.0271*** (6.14)	0.0423** (2.27)				
Limit			0.0407*** (2.67)	0.0448** (2.31)		
Channel					0.0314*** (4.79)	0.0476*** (2.58)
DR	0.0454 (1.37)	0.0930 (1.55)	0.0498 (1.59)	0.0954 (1.59)	0.0467 (1.41)	0.0941 (1.57)
OER	0.1764** (2.37)	0.2459 (1.57)	0.1908** (2.41)	0.2669* (1.71)	0.1740** (2.35)	0.2432 (1.55)
Reserve	0.1253 (0.97)	0.1569 (0.99)	0.1242 (0.96)	0.1587 (1.00)	0.1231 (0.96)	0.1557 (0.98)

续表

Rural	激励型融资政策实施		突破融资上限		扩展融资渠道	
	固定效应	随机效应	固定效应	随机效应	固定效应	随机效应
lnasset	-0.0376*** (-3.38)	-0.0589*** (-4.04)	-0.0425*** (-6.00)	-0.0610*** (-4.10)	-0.0398*** (-3.21)	-0.0608*** (-4.15)
AIR	-0.0072*** (-8.46)	-0.0036 (-1.34)	-0.0073*** (-8.04)	-0.0039 (-1.47)	-0.0071*** (-8.14)	-0.0034 (-1.29)
Credit	0.1263*** (4.22)	0.1047*** (2.61)	0.1273*** (4.31)	0.1051*** (2.61)	0.1270*** (4.21)	0.1046*** (2.61)
Long	0.1552*** (4.41)	0.2287*** (7.23)	0.1528*** (4.46)	0.2284*** (7.22)	0.1545*** (4.36)	0.2288*** (7.24)
常数项	1.0741*** (5.05)	1.3724*** (4.97)	1.1638*** (7.91)	1.4183*** (5.04)	1.1111*** (4.74)	1.4048*** (5.07)
BP-LM 检验	451.37 (0.0000)		455.2 (0.0000)		446.14 (0.0000)	
Hausman 检验	20.22 (0.0095)		18.95 (0.0152)		20.8 (0.0077)	

注：(1) ***、** 和 * 分别表示在 1%、5% 和 10% 水平上显著。

(2) 随机效应模型括号中为 z 值，固定效应模型括号中为 t 值，BP-LM 检验和 Hausman 检验括号中为 P 值。

(3) 固定效应采用 Driscoll-Kraay 稳健标准误。

表 5-10　融资政策对社会绩效（服务深度）影响的回归结果

Depth	激励型融资政策实施		突破融资上限		扩展融资渠道	
	固定效应	随机效应	固定效应	随机效应	固定效应	随机效应
Policy	-2.3090** (-2.00)	-6.5612*** (-2.73)				
Limit			-3.8208*** (-5.54)	-7.3406*** (-2.93)		
Channel					-2.4308** (-2.12)	-6.6949*** (-2.82)
DR	-6.6869 (-0.79)	-17.4727** (-2.27)	-7.1379 (-0.90)	-17.9103** (-2.33)	-6.7417 (-0.79)	-17.5654** (-2.28)

续表

Depth	激励型融资政策实施		突破融资上限		扩展融资渠道	
	固定效应	随机效应	固定效应	随机效应	固定效应	随机效应
OER	9.3795 (0.28)	1.6189 (0.08)	8.2011 (0.25)	-1.5815 (-0.08)	9.4439 (0.29)	1.7100 (0.09)
Reserve	-79.5119*** (-4.87)	-65.1252*** (-3.20)	-79.2864*** (-4.79)	-65.4538*** (-3.22)	-79.43*** (-4.88)	-65.0782*** (-3.20)
lnasset	6.7367*** (3.55)	10.4914*** (5.57)	7.2585*** (4.76)	10.9196*** (5.69)	6.8519*** (3.48)	10.6427*** (5.62)
AIR	0.2866*** (4.38)	0.0154 (0.05)	0.2928*** (4.28)	0.0603 (0.18)	0.2822*** (4.54)	0.0032 (0.01)
Credit	3.8628 (1.10)	-6.1444 (-1.20)	3.7850 (1.08)	-6.1595 (-1.20)	3.8108 (1.09)	-6.1856 (-1.21)
Long	-16.4562*** (-4.86)	-18.7111*** (-4.58)	-16.2584*** (-4.73)	-18.8173*** (-4.61)	-16.4264*** (-4.85)	-18.6834*** (-4.58)
常数项	-89.6465*** (-2.63)	-143.9713*** (-4.04)	-99.1224*** (-3.53)	-152.8306*** (-4.21)	-91.7017*** (-2.59)	-146.6012*** (-4.10)
BP-LM 检验	252.89 (0.0000)		257.79 (0.0000)		251.49 (0.0000)	
Hausman 检验	25.63 (0.0012)		23.10 (0.0032)		25.72 (0.0012)	

注：(1) ***、** 和 * 分别表示在 1%、5% 和 10% 水平上显著。

(2) 固定效应模型括号中为 t 值，随机效应模型括号中为 z 值，BP-LM 检验和 Hausman 检验括号中为 P 值。

(3) 固定效应采用 Driscoll-Kraay 稳健标准误。

(1) 融资政策变迁有助于提升小额贷款公司的社会绩效。表 5-9 结果显示，以小微客户占比（Rrual）作因变量时，融资政策变量 Policy、Limit 和 Channel 的回归系数均在 1% 的统计水平上显著为正，说明融资政策变迁显著提升了小额贷款公司的服务广度；以平均贷款规模（Depth）作因变量时，融资政策变量 Policy、Limit 和 Channel 的回归系数也在不同的统计水平上显著为负，即融资政策变迁显著拓展了小额贷款公司的服务深度。综合来看，不同模型的结果表明，融资政策变迁有助于提升小额贷款公司的社会绩效水平。原因在于，融资政策变迁提高了融资杠杆率上限以及增加了融资渠道种类，强化了给予小额贷款公司的融资激励使其通过融资能获得更多的经营利润；并且将融资杠杆率和融资渠道的获得与社会绩效水平相挂钩，给予其提高社会绩效水平的正向激励。在两种激励的共同作用下，小额贷款公司为获得更多的融资收益，会主动选择服务更多的小微客户以提高社会绩效水平，进而实现了政策目标。此外，激励型融资政策的实施也促进了政府监管能力的提升，加强了对小额贷款公司违规行为的监控力度，保证其坚持政策定位。

（2）较高的平均贷款利率不利于社会绩效水平的提升。表 5－9 和表 5－10 显示，平均贷款利率（AIR）与小微客户占比（Micro）显著负相关，与平均贷款规模（Depth）显著正相关，即业务的平均贷款利率（AIR）越高，小额贷款公司的社会绩效水平越低。原因在于过高的利息水平超过了中低收入人群的承受能力，会降低此类客户申请贷款的概率；而且能够承担较高利息水平的客户也会希望获得更高的贷款额度，以降低贷款的综合成本。因此，贷款利率越高，小额贷款公司发放的小微贷款或涉农贷款数量越少，平均贷款额度也越大，进而不利于社会绩效的提升。

（3）总资产规模与社会绩效水平负相关。表 5－9 和表 5－10 显示，总资产规模（lnasset）与小微客户占比（Micro）显著负相关，与平均贷款规模（Depth）显著正相关，即总资产规模越大，小额贷款公司的社会绩效水平越低。这可能因为随着小额贷款公司资产规模的扩张，股东对公司的利润回报要求越高，导致管理层的经营压力增大，更倾向于服务高层次、高质量的客户，发放更高额度的贷款。另外，这也可能与在融资杠杆率限制下小额贷款公司无法形成规模经济有关。

（4）发放信用和保证贷款有助于提升小额贷款公司社会绩效。回归结果显示，信用和保证贷款占比（Credit）与小微客户占比（Micro）显著正相关，与平均贷款规模（Depth）显著负相关，说明小额贷款公司发放的信用和保证贷款数量越多，社会绩效水平越好。原因在于信用和保证贷款具有更低的交易费用，更匹配小微客户的经济特征，降低了他们获取信贷的难度。所以应鼓励小额贷款公司发放信用贷款和保证贷款，服务更多的中低收入群体，特别是涉农领域的客户。

（5）发放中长期贷款有助于提高小额贷款公司的社会绩效。模型回归结果显示，中长期贷款占比（Long）与小微客户占比（Micro）显著正相关，与平均贷款规模（Depth）显著负相关。这是因为中长期贷款能够降低小微客户的贷款申请成本，并匹配他们对于长期资金的需求。同时也能降低小额贷款公司单位时间内的经营成本。所以，小额贷款公司发放的中长期贷款笔数越多，其所服务的小微客户数量越多，平均贷款规模也越低。

（6）营业费用率与小微客户占比正相关。表 5－9 和表 5－10 结果显示，营业费用率（OER）的回归系数均在 5% 的统计水平上显著，表明营业费用率对社会绩效水平有显著的负面作用。原因在于，向中低收入群体发放贷款所得到的边际收益要高于高收入群体，所以当小额贷款公司的单位营业费用越高时，说明其服务的小微客户数量越多，服务广度也就越高。

（7）合计风险准备金率与平均贷款规模（Depth）负相关。合计风险准备金率（Reserve）越高，表明小额贷款公司的经营风险越大，相应的社会绩效也越差。为了扭转公司经营表现，经营者会倾向于发放大额贷款以降低经营风险，所以合计风险准备金率与平均贷款规模（Depth）负相关。

5.3　本章小结

本章首先构建了基于约束型融资政策的完全信息静态监管博弈模型，进一步，基于激励型融资政策构建了不完全信息静态监管博弈模型，分析了融资政策对小额贷款公司经营选择乃至社会绩效的作用方式，然后实证检验理论分析的结果。研究结论如下：

第一，我国小额贷款公司社会绩效呈逐年上升趋势，但整体水平仍相对较低，且有进一步提升空间。根据对社会绩效变量及相关变量的统计性分析结果，2011—2016 年，样本小额贷款公司小微客户占比（Micro）和平均贷款规模（Depth）分别呈现逐年上升和逐年下降趋势，说明我国小额贷款公司的服务广度在不断拓展、服务深度在不断深化。但从绝对水平上看，小微客户占比（Micro）均值及中位数均为超过 50%，且平均贷款规模（Depth）也远超国际通行的 4 倍的标准。这表明我国小额贷款公司的社会绩效水平整体仍较低，仍有进一步的提升空间。

第二，加强监管约束确保小额贷款公司政策定位的关键因素。两个博弈模型的研究结论均表明，当融资政策规定越严格，政策的约束力也越强，进而加大了小额贷款公司违规经营的成本；而且监管人员的执行力度越强，会减弱监管部门与小额贷款公司之间的信息不对称。所以小额贷款公司的违规经营倾向减弱，更倾向于遵循融资政策要求，坚持服务小微的政策定位。

第三，更高的融资激励能够促进小额贷款公司坚持政策定位。激励型融资政策提高了融资杠杆率上限、增加了融资渠道种类，以更高的财务收益为诱因，从根本上削弱了财务绩效和社会绩效之间的矛盾，不仅约束了小额贷款公司的违规经营行为，并且有效激励小额贷款公司追求更高的社会绩效水平，实现了政策目标。

第四，政府可以通过严格落实激励型融资政策的方式提高社会绩效水平和促进地方金融稳定。一方面，地方监管部门通过强化对小额贷款公司的融资激励，提高融额度上限和拓宽融资来源，从而增加在小额信贷市场上的资金投放量，提升了社会绩效水平，而且从长期看，也有助于促进地方金融市场发展；另一方面，监管部门通过提升监管人员的责任意识，严格执行融资资格审查，加强对违规行为的处罚力度，即降低了小额贷款公司的违规经营倾向，也减轻了监管部门的工作负担，促进了地方金融稳定。

第 6 章

融资政策对小额贷款公司运作效率的影响

随着制度主义小额信贷成为当今世界的主流方式，各界对于小额信贷机构的运作效率也愈发重视。作为政府推动下的强制性制度变迁，小额贷款公司的运作效率代表着制度的运作效率，决定着制度对金融资源的配置能力。但是，小额贷款公司由民间资本发起设立，股东普遍缺乏金融背景，从业人员金融素养相对不足，导致社会各界形成小额贷款公司运转效率低下的印象。因此，小额贷款公司能够有效配置其所控制的金融资源，融资政策变迁能否提升小额贷款公司运作效率，是值得关注和研究的问题。由于小额贷款公司制度的目标是降低农村金融领域的制度交易费用，所以本章选择成本效率作为考察小额贷款公司运作效率的主要方面。本章首先从交易费用的视角分析融资政策影响小额贷款公司成本效率的理论机制，并利用随机前沿法（SFA）测算样本小额贷款公司的成本效率；然后，利用调研数据实证分析融资政策变迁对小额贷款公司成本效率的影响；最后，基于理论分析，提出相应的政策建议。

6.1　交易费用视角下融资政策影响小额贷款公司成本效率的作用机制

6.1.1　交易费用与成本效率

首先对成本效率的概念进行界定。成本效率是用来衡量在市场环境相同、产出相同的情况下，行为主体的真实成本接近最小成本边界或最佳运营成本的程度。通俗地讲，成本效率测量的是行为主体的选择与帕累托最优（既定产出下成本最小化）的距离。当厂商真实成本越接近既定产出下的最小成本边界时，其成本效率越高[138]。

关于交易费用的内涵，学术界尚未有统一的界定。Coase 在《企业的性质》一文中首次提出交易费用的概念，但他没有明确给出交易费用的清晰界定[139]。Arrow 首先给出了交易费用的定义：经济系统运行的成本[140]。Williamson 将交易费用进一步细分为搜寻成本、信息成本、溢价成本、决策成本、监督成本和违约成本等；随着研究的深入，又进一步将交易费用区分为事前和事后两大类[141]。诺斯从宏观经济史的角度将生产成本分解成转型成本与交易费用的加总[142]。在前人研究的基础上，Furubotn 和 Richter 将交易费用分为三类，分别是市场型交易费用、管理型交易费用和政治型交易费用[143]。其中，市场型交易费用主要包括信息搜索和谈判的费用；管理型交易费用指企业内部发号施令的费用，包括建立、维持或改变一个组织设计的费用，以及组织运行的费用；政治型交易费用指从法律意义上的制度而言，必须考虑政治体制中制度框架的运行和调整所涉及的费用安排，包括建立、维持、改变一个体制中的正式和非正式政治组织的费用，以及政体运行的费用[143]。

新制度经济学对交易费用的存在有多种解释。Williamson 认为资产专用性、机会主义倾向和有限理性是交易费用存在的主要因素[141]。Williamson 拒绝了新古典经济学的“理性人”假设，认为现实中的经济主体是非理性的，且具有机会主义倾向。其中有限理性是指行为人在主观上追求完全理性，但客观上只能做到有限理性，且交易费用与行为人的理性程度呈反比。机会主义行为是在信息不对称的情况下经济主体通过不正当的手段来谋求个人利益，也就是“损人利己”的行为[141]。经济主体的机会主义倾向越强，交易活动越复杂，交易达成的总费用越高。资产专用性是指经济主体持有的资产（人力资产或实物资产）在某种程度上被锁定投入特定的生产关系中。资产专用性意味着特定的生产关系垄断了经济主体持有的人力资产或实物资产，所以资产专用性越强，意味着对资产的垄断程度也越高，打破该垄断所需要的交易费用也越高[141]。尼夫将金融交易的费用与交易的属性链接起来。他将金融交易的基本属性分为资产流动性、金融交易的风险性或不确定性、交易频率和制度特性四个方面，从而把金融交易划分为两种极端的类型：标准型交易（S 型交易）和非标准型交易（N 型交易）。标准型交易（S 型交易）是指风险低、资产流动性强、交易重复频率小的交易。非标准型交易（N 型交易）指具有高度不确定性、资产专用性强、交易重复频率高的交易[144-145]。相比之下，标准型交易的交易费用要低于非标准型交易。而且，供求双方进行的大量重复交易会产生“学习效应”，进而影响供给方的供给效率。具体而言，金融交易重复的频率越高，某种交易的需求量越大，越容易产生规模经济和范围经济，进而降低交易费用[144 - 145]。此外，由于标准型交易和非标准型交易具有不同的特点，所以对供给方的治理能力也提出了不同的要求。一般而言，金融供给主体的治理能力越强，达成交易所需支付的交易费用越低。

基于前人的研究成果，本章涉及的小额贷款公司交易费用概念，更多是指微观层面上的市场型交易费用和管理型交易费用。前者是小额贷款公司与客户达成信贷合约过程中为信息搜索、谈判等行为支付的成本；后者则是企业所有者和经营者之间合约安排所产生的从事非生产性活动的资源耗费，如公司委托代理关系所产生的激励与监督的费用等。两种交易费用的加总便是小额贷款公司作为一种资源配置契约运作时所面临的总交易费用。

新制度经济学认为，交易活动是稀缺的，需要付出成本，企业的存在就是为了节约市场交易费用[139]。因此，作为一种经济学概念，交易费用最终会表现为契约运作的真实成本。根据科斯的研究结果，当交易费用为零时，契约的运作效率达到帕累托最优，此时契约运作的真实成本也到达最小边界。所以交易费用与真实成本具有显著的同向关系。因此，当小额贷款公司在运作中面临的交易费用越小时，其真实成本也越接近最小成本边界，成本效率也就越高。

6.1.2 “信号传递—治理能力—交易费用”的理论机制

金融政策能否达到预定的目标，取决于金融市场主体与监管机构之间的博弈。其中，监管机构对市场主体交易行为的约束和监督力度，将是市场主体选择自身行为的关键。由于金融市场信息不对称，市场主体不完全清楚监管者的真实类型，只能通过金融监管机构的监管执行力度和政策变动所提供的信号来判断，然后确定自己在金融市场中的行为。所以金融监管部门可以利用政策变动向市场主体传达出强烈的政策信号，形成强势的金融监管效应，对市场主体的行为进行诱导。

监管机构执行严格的融资政策时，其对小额贷款公司传递了约束型的政策信号：监管部门将加强对小额贷款公司融资行为的限制，公司会面临严重的融资约束。当经营者了解到约束型的政策信号时，会相应改变公司内部治理，进而减少各种类型的交易费用。一方面，治理能力的改善会降低公司内部的管理型交易费用。在现代企业制度下，企业的所有权和控制权分离，企业所有者（委托人）和经营者（代理人）之间存在利益冲突，产生了代理成本，即第一类代理问题。然而在实践中，中国多数企业的股权并不是分散的，而是相对集中或高度集中，企业实际控制人往往是控股股东，代理问题主要表现为控股股东和中小股东的利益冲突，即第二类代理问题。因此，企业在现实中存在着全体股东与经营者之间以及中小股东和控股股东之间的双重代理问题。这使得公司运作时面临一定的管理型交易费用。当公司的实际控制者（控股股东或管理层）接收到约束型的政策信号时，会产生负向的经营预期：公司将面临严重的融资约束，短期内难以通过规模快速扩张的方式增加利润，公司外部利润边界相对固定。因此，融资约束的存在增加了公司的经营压力。控制者需要做出相关的变动以应对经营压力的提高。根据“堑壕效应”理论，当公司面临较强的融资约束时，将会缩小企业的两权分离程度，控股股东难以将风险分散给中小股东及外部债权人，风险投资倾向被削弱[67-68]。同时，根据“代理人风险规避假说”，由于管理层的薪酬通常与企业业绩相挂钩，当企业利润的增长速度放缓时，经理人难以实现自身利益的最大化；而且融资约束将削弱企业的风险承担能力，当企业面临增长停滞甚至亏损时，管理层有可能失去自身的职位。所以，为了保住自身职位和个人利益最大化，管理层会表现出更多的风险规避行为，倾向于选择谨慎保守的财务决策[69-71]。此时，企业所有者与经营者之间的利益趋于一致，委托代理问题的突出地位让渡于企业发展和存续问题，双方会通过调整契约的方式，增强公司内部治理能力，从而降低管理型交易费用。另一方面，治理能力的提升也有助于降低公司经营小额信贷业务时面临的市场型交易费用。小额信贷业务更接近于非标准型业务（N 型交易），需要经营者具备更强的治理能力。因此，当融资政策给出鼓励小额贷款公司经营小额信贷业务的政策信号时，公司经营者会有针对性地提高治理能力，实现资源的有效配置，并在这种配置框架下经过长期的专业化运作强化这种配置和自己的治理优势；而且，治理能力的改善有助于“学习效应”的发挥，将会提高公司的信息搜索、甄别、谈判等能力，从而降低公司经营小额信贷业务所面临的市场型交易费用。

反之，融资政策变动降低对融资行为的约束程度时，则对小额贷款公司传递了激励型的政策信号：监管部门鼓励小额贷款公司进行融资扩大资产规模。这使得公司的实际控制者产生正向的经营预期：公司面临的融资约束将被削弱，可以通过资产规模扩张的方式扩大公司外部收益边界。经营压力的减弱会降低公司内部治理能力和治理效率，相应的交易费用会上升，公司成本效率下降。

6.1.3 “资产专用性—机会主义倾向—交易费用”的理论机制

根据交易费用理论，当资产的专用性越强时，产权转移的交易费用越高[141]。政府制定的政策对小额贷款公司资产用途进行了限制，即规定小额贷款公司应以“小额、分散”的原则，对农户和微型企业提供信贷服务。这项规定将小额贷款公司资产的部分产权分散在公共领域，使产权人面临一定的资产专用性。在此基础上，现有的融资政策普遍对小额贷款公司业务提出了高水平要求，又提高了对资产专用性要求，使小额贷款公司经营时面临更高的市场型交易费用。

当资产专用性是外生给定时，会打击产权人的生产积极性，导致产权人产生较强的机会主义倾向，在经营时选择风险更低、收益更高的项目，或减少无效率的投资行为[146-148]。根据尼夫的定义，小额信贷业务一般更接近于非标准交易，资产专用性要高于非小额信贷业务，所以产权人天然倾向于经营非小额信贷业务[144]。此外，小额贷款公司资产的高流动性特征和监管部门的统计“缺陷”为产权人摆脱资产专用性的限制提供操作上的便利。首先，小额贷款公司的资产多以现金和贷款的形式存在，资产本身并不具备较强的流动性，改变用途的交易费用比较低；其次，监管政策将小额贷款公司的经营对象限定为农户和小微型企业，并且监管部门将县域及以下区域贷款均统计为涉农贷款，覆盖层次较多，但不同行业小微企业的规模差异巨大，不同层级的客户具有差异性的特征，导致其交易费用也具有明显的差异。基于这两点，产权人可以在选择那些质量较好的小微客户，在不触及政策惩罚的条件下降低市场型交易费用，即摆脱政策对资产专用性的限制。

因此，政府执行约束型政策时，对小额贷款公司的经营行为实施了统一的监管要求，使其面临严格的外生给定的资产专用性，这将增强经营者的机会主义倾向，将在政策许可的范围内选择高质量客户以降低交易费用[149-150]。相反，随着各省份普遍实施激励型融资政策，将融资杠杆率等与社会绩效水平相挂钩，使得资产专用性在一定程度上内生化：一方面，经营中为了获得更高的融资杠杆率，会主动选择遵循政策要求，提升社会绩效水平，所以经营者的机会主义倾向被削弱；另一方面，小额贷款公司社会绩效水平的提升实际上令其面临更高的资产专用性，增加了交易费用，进而降低了成本效率。

通过上述分析可以得出，融资政策会通过改变小额贷款公司的资产专用性、产权人的机会主义倾向，以及通过信号传递机制对公司内部治理产生影响。当融资政策越严格时，产权人机会主义倾向的提高将使其摆脱资产专用性的限制，降低市场型交易费用，并且公司内部治理的改善也将降低管理型交易费用，从而降低总交易费用，提高成本效率。

基于以上分析，提出本章假设：融资政策变迁不能促进小额贷款公司成本效率的提升。

6.2 小额贷款公司成本效率的测度

6.2.1 成本效率的测量方法

研究机构成本效率的方法分为非参数方法和参数方法两大类。非参数方法主要包括数据包络分析（DEA）和无界分析（FDH）；参数方法主要是随机前沿法（SFA）、自由分布法（DFA）和厚前沿方法（TFA），其中后两种方法都是随机前沿法的变形。与参数方法相比，非参数方法忽略了价格对前沿效率的影响，且难以解释配置效率对投入产出的影响。另外，非参数方法将由计量误差等偶然因素引起随机干扰项视为效率因素，因此测算结果容易受到极值的影响，偏离实际前沿效率，并最终导致效率的估计值是有偏的[151]。参数方法中应用最广泛的是随机前沿法（SFA），该方法定义了效率前沿的函数形式，引入复合误差项，从而区分出效率值和随机误差，测算结果要相对优于非参数方法；而且，自 Battese 和 Coelli 引入时间变量测算面板数据的效率后，国内外学者普遍使用随机前沿法测算金融机构效率[152-156]。因此，本章使用随机前沿法测算小额贷款公司成本效率。

6.2.2　样本选择

本章所用样本数据与第 4 章相同，详见“4.2.1 样本选择”。

6.2.3　变量选择、模型设定及测度结果

使用随机前沿模型进行效率研究，投入、产出指标的选择至关重要。投入产出指标的确定方法通常分为生产法和中介法。由于小额贷款公司具有“只贷不存”的特征，主要使用自有资金和外部融入资金在县域内发放贷款，其生产经营模式可抽象为“投入资金—产出贷款”的生产过程；且 SFA 模型是以 Cobb - Douglas 生产函数为基础构建，因此，本章选择基于生产法确定投入、产出指标。参考已有文献中投入产出指标的选择，结合小额贷款公司的经营特点和数据收集情况，本章选择运营成本和实物资本成本[157]作为投入指标，选择贷款净额、利息收入[26-27]为产出指标；同时，加入时间因素。本章选择以上 5 个变量为自变量；选择成本总额作为因变量（见表 6-1）。

表 6-1　　投入产出指标的符号及定义

因变量		变　量	符号	定　义
		成本总额	TC	营业总支出
自变量	产出变量	贷款净额	Y1	年末贷款余额—贷款损失准备
		利息收入	Y2	年末利息收入
	投入变量	运营成本	w1	管理费用/总资产
		实物资本价格	w2	当年累计折旧/固定资产净额
	时间变量	时间	t	以 2011 年为基年，以此类推

成本函数用公式表示为 $C = C(w, y, z, u)$。其中 C 表示生产者的真实成

本，w 表示投入价格向量，y 表示产出向量，z 表示令生产者的真实成本高于最优成本的无效率因素，u 表示随机误差项。假设生产者的最优成本为 C^*，则其成本效率 $CE = C^*/C$。所以，成本效率 CE 的取值范围是（0，1），且 CE 越接近 1，则公司的成本效率越高。

基于此思想，学者们构建了各类成本随机前沿模型，其中使用最广泛的是 Wang 构建的一般性异方差随机前沿模型[153]，基本形式如式（6－1）所示：

$$\ln TC_{it} = \beta_0 + \beta_y \ln y_i + \sum_{k=1}^{K} \beta_k \ln x_{ki} + \ln v_{it} + \ln u_{it} \tag{6-1}$$

其中，TC_{it}表示第 t 期第 i 家小额贷款公司生产成本；y_i为第 i 家小额贷款公司的产出变量。

x_{ki}表示第 i 家小额贷款公司的投入要素价格变量，v_{it}为随机误差项，衡量了会计统计等造成的误差，服从标准正态分布；u_{it}为非负的无效率项，反映厂商 i 距离效率前沿的距离，服从半正态分布。

考虑到我国小额贷款公司的规模存在巨大差异，本章利用总资产对产出变量进行标准化，以控制异方差和规模偏差；同时，选择一种实物资本价格对其他要素价格进行标准化，以满足投入要素价格的线性齐次性限制。在此基础上，本章借鉴 Wang 的成本效率模型[153]，将成本效率的随机前沿模型拓展成如下形式：

$$\ln\left(\frac{TC}{TA}\right) = \alpha_0 + \sum_{i=1}^{2} \alpha_i \ln \frac{Y_i}{TA} + \beta_1\left(\frac{\omega_1}{\omega_2}\right) + \gamma_1 t + \frac{1}{2}\sum_{i=1}^{2}\sum_{j=1}^{2} \alpha_{ij} \ln \frac{Y_i}{TA} \ln \frac{Y_j}{TA}$$
$$+ \frac{1}{2}\beta_{11} \ln \frac{\omega_1}{\omega_2} \ln \frac{\omega_1}{\omega_2} + \frac{1}{2}\gamma_{11} t^2 + \sum_{i=1}^{2} \delta_i \ln \frac{Y_i}{TA} \ln \frac{\omega_1}{\omega_2} + \ln v_{it} + \ln u_{it} \tag{6-2}$$

TA 表示小额贷款公司的总资产，TC 表示小额贷款公司的总成本。Y 是产出变量，包括贷款净额和利息收入两种产出；ω_1 是运营成本价格，ω_2 是固定资产价格；v_{it}为随机误差项；u_{it}为无效率项，用以计算成本效率。

成本随机前沿模型回归结果见表 6－2，大多数变量的系数是显著的，且 σ 和 γ 均在 1% 的水平上显著，说明本章设定成本前沿模型是有效的。由模型结果可知，样本小额贷款公司的平均成本效率为 40.93%，远低于小额贷款公司所能达到的最小可能成本，这意味着小额贷款公司的成本效率还具有很大的提升空间。

表 6－2　　成本随机前沿模型结果

名称	系数	Z 值
ln(y1/TA)	−0.0841	−0.39
ln(y2/TA)	0.3987***	5.03
ln(w1/w2)	0.8598***	9.33
t	−0.0871*	−1.78
1/2ln(y1/TA)ln(y1/TA)	−0.1501***	−3.71
1/2ln(y2/TA)ln(y2/TA)	0.2392***	15.01
1/2ln(w1/w2)ln(w1/w2)	0.1626***	6.38
1/2t×t	0.0236*	1.81
ln(y1/TA)ln(y2/TA)	−0.2942***	−12.91
ln(y1/TA)ln(w1/w2)	0.1909***	4.6
ln(y2/TA)ln(w1/w2)	−0.1442***	−8.01
常数项	−0.3979	−0.86
sigma−squared	0.2484***	17.99
gamma	0.2816***	6.62
mean efficiency	0.4093	

注：***、**和*分别表示在1%、5%和10%水平上显著。

6.3　融资政策对成本效率影响的实证分析

6.3.1　变量选择及模型设定

结合前文理论分析，本章利用面板数据构建多元回归模型，实证分析融资约束对小额贷款公司成本效率的影响。

$$CE_{it} = \alpha_0 + \alpha_1 X_{it} + \alpha_i Control_{it} + \delta_{it} \qquad (6-3)$$

其中，因变量CE_{it}为小额贷款公司成本效率，X_{it}为融资政策变量，$Control_{it}$表示其他影响小额贷款公司财务绩效实现的特征变量，δ_{it}为残差。模型中使用的变量具体选择如下（见表6-3）：

表6-3　模型变量说明及定义

变量名称	符号	定　义
成本效率	CE	成本随机前沿模型计算所得
融资政策1	Policy	是否进行融资政策变迁，是=1，否=0
融资政策2	Limit	是否提升融资杠杆率上限，是=1，否=0
融资政策3	Channel	是否拓展融资渠道，是=1，否=0
贷款集中度	HHI	分行业贷款笔数占比的平方和
资产负债率	DR	总负债/总资产
内部融资能力	IFC	（盈余公积+未分配利润）/总资产
资产规模	lnasset	ln（总资产）
年平均利率	AIR	年平均利率
信用和保证贷款占比	Credit	信用贷款和保证贷款发放笔数/当年累计贷款发放笔数
中长期贷款占比	Long	半年以上期限非信用、保证贷款笔数/当年累计贷款发放笔数

（1）被解释变量。本节被解释变量为成本随机前沿模型所计算出的成本效率（CE），CE的取值范围是（0，1），且CE越接近1，样本公司的成本效率越高。

（2）关键解释变量：融资政策变量。参照第3章界定，本章使用3种融资政策变量，分别是：实行激励型融资政策（Policy），提升融资杠杆率上限（Limit），拓展融资渠道种类（Channel）。基于本章第一节的理论分析，假设融资政策变迁与小额贷款公司成本效率负相关。

（3）其他控制变量。

①贷款集中度（HHI）。根据投资组合理论，资产分散化投资能有效降低风险、提高效率，所以贷款集中度越高，小额贷款公司的风险成本就越高，成本效率也越低。但从经验积累的角度看，小额贷款公司专注于服务某几类特定行业，所积累的经验也有助于降低经营成本。所以，贷款集中度对成本效率的影响取决于风险成本的增加和经验积累带来的成本节约之间的对比。

②资产负债率（DR）。根据优序融资理论，债务融资的成本要小于权

益融资。小额贷款公司的资产负债率越高，资金成本相对越低。此外，外部融资所带来的债务压力也会激励小额贷款公司提高成本效率。所以，资产负债率应与成本效率负相关。

③内部融资比例（IF）。内部融资比例反映的是企业通过内部留存收益获得资金的能力，本章借鉴何婧（2017）的做法，将内部融资比例定义为（盈余公积 + 未分配利润）/总资产。根据优序融资理论，一般来说，内部融资作为股东的再投资，不发生实际的现金支出，所以成本最低。但对于我国小额贷款公司来讲，股东的目标是追求高额的利润回报，所以内部融资具有较高的机会成本。此外，内部融资所得资金来源于税后利润，不具备税盾效应，而且在样本期内，我国小额贷款公司执行的是一般工商企业税收标准，导致其实际融资成本较高。所以，我国小额贷款公司的内部融资成本会高于外部融资，内部融资比例与成本效率负相关。

④总资产规模（lnasset）。总资产规模代表了小额贷款公司的资金实力，会对小额贷款公司的绩效表现产生显著影响，但各省份对小额贷款公司注册资本的要求不尽相同，所以需要对此变量加以控制。同时，为了减轻数据的异方差，本章对总资产进行对数化处理。

⑤平均贷款利率（AIR）。小额贷款公司的平均利率水平越高，单位贷款成本占比便相对越低，成本效率相应提升。

⑥信用和保证贷款占比（Credit）。从理论上讲，信用贷款和保证贷款是一种技术创新，能够缓解金融机构与贷款客户之间的信息不对称，进而降低交易费用。所以，小额贷款公司发展的信用和保证贷款越多，所支付的经营成本便越少，成本效率越高。

⑦中长期贷款占比（Long）。中长期贷款越多，公司进行贷款贷前调查的次数越少，相应的成本支出越少，但中长期贷款的风险也相对较大，公司需要付出更多的信息获取成本和贷后监督成本。

根据上述分析，将模型（6-3）表示为以下 3 个具体模型：

$$CE_{it} = \beta_0 + \beta_1 Policy_{it} + \beta_2 IFC_{it} + \beta_3 HHI_{it} + \beta_4 DR_{it} + \beta_5 lnasset_{it} + \beta_6 AIR_{it} + \beta_7 Credit_{it} + \beta_8 Longloan_{it} + \delta_{it} \tag{6-4}$$

$$CE_{it} = \beta_0 + \beta_1 Limit_{it} + \beta_2 IFC_{it} + \beta_3 HHI_{it} + \beta_4 DR_{it} + \beta_5 lnasset_{it} + \beta_6 AIR_{it} + \beta_7 Credit_{it} + \beta_8 Longloan_{it} + \delta_{it} \tag{6-5}$$

$$CE_{it} = \beta_0 + \beta_1 Channel_{it} + \beta_2 IFC_{it} + \beta_3 HHI_{it} + \beta_4 DR_{it} + \beta_5 lnasset_{it} + \beta_6 AIR_{it} + \beta_7 Credit_{it} + \beta_8 Longloan_{it} + \delta_{it} \quad (6-6)$$

6.3.2 统计性描述与相关性分析

对选定变量进行统计性描述，具体结果见表6-4。样本小额贷款公司的平均成本效率为0.41，总体水平较低，距离最优水平1还有较大的差距，其中最大值为0.74，最小值为0.2，标准差为0.078。这一方面说明我国小额贷款公司与客户达成信贷合约的交易费用较大，另一方面也说明样本公司之间的成本控制能力有较大差距。进一步，按照政策变量Policy、Limit和Channel分别将成本效率分为两组进行统计，并展现各百分位数对应数值。表6-5结果显示，融资政策变迁后，样本小额贷款公司的成本效率有所降低。以Policy分组统计为例，当Policy=0时，样本小额贷款公司成本效率均值为0.416，标准差为0.075，融资政策变迁后，即Policy=1时，均值为0.402，标准差为0.080。按照Limit和Channel分组，也能得出一致结论。

表6-4　变量的统计性描述

变量名	样本量	均值	标准差	最小值	最大值
CE	1063	0.4093	0.078	0.201	0.7401
Policy	2768	0.420	0.494	0	1
Limit	2768	0.349	0.477	0	1
Channel	2768	0.402	0.490	0	1
IFC	1389	0.081	0.078	0	0.903
HHI	1378	0.444	0.251	0.097	1
DR	1659	0.166	0.160	0	0.781
lnasset	1695	18.981	1.031	14.946	22.613
AIR	1326	16.957	3.668	5.5	26
Credit	1412	0.001	0.279	0	1
Long	1399	0.483	0.344	0	1

表 6-5　　样本小额贷款公司成本效率的分组统计

名称		全样本	Policy		Limit		Channel	
			=0	=1	=0	=1	=0	=1
最小值		0.201	0.222	0.201	0.222	0.201	0.222	0.201
分位数	1%	0.242	0.247	0.232	0.252	0.228	0.252	0.232
	5%	0.286	0.291	0.286	0.296	0.277	0.294	0.282
	10%	0.320	0.324	0.315	0.324	0.308	0.324	0.314
	25%	0.359	0.375	0.315	0.371	0.351	0.368	0.353
	50%	0.405	0.412	0.396	0.411	0.393	0.410	0.398
	75%	0.451	0.460	0.443	0.456	0.393	0.457	0.445
	90%	0.507	0.522	0.499	0.521	0.499	0.457	0.501
	95%	0.542	0.548	0.528	0.546	0.528	0.547	0.528
	99%	0.674	0.632	0.690	0.623	0.698	0.623	0.528
最大值		0.740	0.676	0.740	0.676	0.740	0.676	0.690
均值		0.409	0.417	0.402	0.416	0.402	0.415	0.404
标准差		0.078	0.075	0.080	0.073	0.082	0.074	0.081

表 6-6 为小额贷款公司特征变量与成本效率（CE）之间的 Person 相关系数统计。政策变量 Policy、Limit、Channel 均与资产利润率（ROA）和净资产利润率（ROE）均在 1% 的显著性水平上负相关。这表明从统计角度分析，融资政策变迁与小额贷款公司的财务绩效具有负相关关系，且这一关系在 1% 的显著性水平上成立，与理论分析结果相一致。此外，贷款集中度（HHI）、内部融资能力（IFC）和信用和保证贷款占比（Credit）分别在 1% 和 10% 的显著性水平上与成本效率（CE）正相关；而资产负债率（DR）与成本效率具有显著的负相关关系。这些控制变量的相关性分析结果与理论分析不完全一致，需要进一步实证检验。

表 6-6　　主要变量相关性分析

	Policy	Limit	Channel	HHI	DR	IFC	lnasset	AIR	Credit	Long
CE	-0.100*** (0.00)	-0.090*** (0.00)	-0.072** (0.02)	0.097*** (0.00)	-0.124*** (0.00)	0.088*** (0.01)	0.029 (0.35)	-0.02 (0.40)	0.052* (0.09)	-0.017 (0.58)

注：(1) ***、** 和 * 分别表示在 1%、5% 和 10% 水平上显著。

(2) 括号内为 P 值。

6.3.3 计量结果分析

为了检验融资政策对小额贷款公司成本效率的影响，本章使用混合OLS模型、随机效应模型和固定效应模型对公式（6－2）至公式（6－3）进行回归；所有的BP－LM检验结果显示，随机效应模式均优于混合OLS模型。在此基础上，进行Hausman检验，固定效应模型优于随机效应模型。为得到一致估计量，参照第5章的做法，选择固定效应搭配Driscoll－Kraay稳健标准误对模型进行回归，并展示随机效应模型的回归结果。结果见表6－7。

表6－7　融资政策对成本效率的影响

效率	激励型融资政策实施		突破融资上限		扩展融资渠道	
	固定效应	随机效应	固定效应	随机效应	固定效应	随机效应
Policy	－0.0129*** （－8.03）	－0.01332*** （－9.48）				
Limit			－0.0090*** （－5.68）	－0.00968*** （－5.61）		
Channel					－0.0126*** （－7.67）	－0.0130*** （－9.24）
HHI	－0.0048** （－2.40）	－0.0037 （－1.03）	－0.0055** （－2.03）	－0.0042 （－1.12）	－0.0048** （－2.50）	－0.0037 （－1.01）
DR	0.0150*** （3.51）	0.0124*** （2.80）	0.0160*** （3.67）	0.0130*** （2.79）	0.0154*** （3.62）	0.0127*** （2.88）
IFC	－0.07917*** （－13.39）	－0.07851*** （－9.30）	－0.08368*** （－11.53）	－0.08289*** （－9.31）	－0.07952*** （－13.06）	－0.07889*** （－9.32）
lnasset	－0.0195*** （－27.49）	－0.0174*** （－11.92）	－0.0208*** （－24.15）	－0.0184*** （－11.95）	－0.0194*** （－27.53）	－0.0173*** （－11.83）
AIR	0.0018*** （5.09）	0.0017*** （8.34）	0.0019*** （4.68）	0.0018*** （8.57）	0.0018*** （5.03）	0.0017*** （8.45）
Credit	0.0001 （0.05）	0.0008 （0.22）	－0.0008 （－0.51）	0.0000 （－0.01）	0.0001 （0.05）	0.0008 （0.22）

续表

效率	激励型融资政策实施		突破融资上限		扩展融资渠道	
	固定效应	随机效应	固定效应	随机效应	固定效应	随机效应
Long	-0.0064*** (-4.40)	-0.0071*** (-2.79)	-0.0070*** (-4.05)	-0.0078*** (-2.92)	-0.0065*** (-4.38)	-0.0072*** (-2.81)
常数项	0.7673*** (47.7)	0.7280*** (25.70)	0.7884*** (48.70)	0.7435*** (24.96)	0.7651*** (47.71)	0.7264*** (25.51)
BP-LM 检验	895.18 (0.0000)		882.77 (0.0000)		902.57 (0.0000)	
Hausman 检验	249.47 (0.0000)		187.2 (0.0000)		189.99 (0.0000)	

注：***、** 和 * 分别代表在 1%、5% 和 10% 水平上显著；括号内为对应的 Z 值；Hausman 检验结果表明固定效应模型有效；F 检验、LM 检验、Wooldridge 检验括号内为 P 值。

（1）融资政策变迁未能提升小额贷款公司的成本效率。模型结果显示，政策变量 Policy、Limit 和 Channel 的回归系数均在 1% 的显著性水平上为负，说明融资政策变迁降低了小额贷款公司的成本效率，验证了理论分析。这说明，当执行约束型融资政策时，我国小额贷款公司是在有限资金规模下追求利润最大化，在经营中面临较强的经营成本压力。因此会激励管理层通过提高管理水平和组织灵活度、创新贷款技术等方式来降低贷款单位经营成本，以到达最小成本前沿，最终增加公司利润；而且，较强的融资约束增加了企业的成本黏性，即企业提高生产能力所付出的成本会高于调整现有生产结构或降低生产能力的成本，这也会激励管理层通过调整现有业务经营结构来提升成本效率。所以，融资政策变迁削弱了小额贷款公司面临的融资约束，对公司传递了融资激励的信号，通过扩大融资规模所引致的利润增加要大于通过节约成本所带来的利润增加，并且经营规模的扩大也降低了小额贷款公司的生存压力，小额贷款公司经营者提高管理水平和创新信贷技术的动力受到削弱。同时，激励型融资政策将融资规模与小额贷款业务占比相挂钩，当小额贷款公司的融资规模越大时，小额贷款业务占比也越大，相应地提高了公司经营成本，降低了成本效率。这也意味着小额贷款公司与客户达成信贷合约的交易费用没有降低。

（2）降低贷款集中度有助于提升小额贷款公司成本效率。结果显示，固定效应模型中贷款集中度（HHI）的回归系数显著为负，说明小额贷款公司的贷款集中度越高，成本效率越低。根据投资组合理论，资产分散化投资能有效降低风险、提高效率，所以贷款集中度越高，小额贷款公司的风险成本就越高，成本效率也越低。因此，小额贷款公司应实施分散化投资策略，降低贷款集中度，进而改善成本效率。

（3）资产负债率与成本效率显著正相关。资产负债率（DR）与成本效率显著正相关。因为小额贷款公司资产负债率与其所支付的资金成本直接相关，融入资金越多，支付利息也越多，所以归还银行贷款的压力会激励小额贷款公司降低经营成本；此外，资金规模的扩张也会产生规模效益，降低成本压力。

（4）现阶段小额贷款公司进行内部融资的成本较高。回归结果显示，内部融资比例（IF）与成本效率负相关。这说明，现阶段我国小额贷款公司进行内部融资的实际成本较高，相比于其他金融机构，小额贷款公司执行的一般工商企业税率提高了其实际支付的成本，而且激励型融资政策的实施也降低了小额贷款公司进行外部融资的成本，所以现阶段小额贷款公司进行内部融资的成本较高，应优先采用外部融资策略，提高成本效率。

（5）总资产规模与成本效率负相关。随着总资产规模的扩大，小额贷款公司支出的经营管理成本相对提升，降低了成本效率。这反映出小额贷款公司经营管理能力的不足，还未产生规模经济。

（6）平均贷款利率（AIR）与成本效率显著正相关。小额贷款公司的平均利率水平越高，对经营成本的相对承受能力越强，单位经营成本也相对较低，进而提升了成本效率。

（7）中长期贷款占比（Long）与成本效率显著负相关。原因是中长期贷款可以降低贷款发放次数，但小额贷款公司的客户层次相对较低，且高利率带来的逆向选择会加大信贷风险，公司经营中长期贷款时需要付出更多的信息获取成本，且贷后的维护次数较多，也增加了监管成本。

6.4 本章小结

本章基于交易费用的视角，构建了“信号传递—治理能力—交易费用”

和“资产专用性—机会主义倾向—交易费用”两条理论机制，分析了融资政策对小额贷款公司成本效率的影响。同时，利用随机前沿法（SFA）测度了样本小额贷款公司的成本效率，并实证检验了融资政策对成本效率的影响，最后得出以下结论：

第一，融资政策变迁未能促进小额贷款公司成本效率的提升。本部分的理论和实证分析均验证了融资政策变迁前后，小额贷款公司的成本效率有所降低。原因在于，融资政策变迁削弱了小额贷款公司面临的融资约束，对经营者传递了融资激励的信号，因此，经营者会倾向于通过资产规模扩张的方式扩大公司收益边界。此外，利润的增长也降低了公司的经营压力，进而降低了经营者改善内部治理的动机，导致机构内部交易费用上升，成本效率下降。同时，融资规模的扩大是以社会绩效水平的提升为前提，融资激励的存在使得小额贷款公司经营者主动选择提高资产专用性，进而提高了交易费用。

第二，我国小额贷款公司的成本效率普遍较低，需要提升内部治理能力。对样本小额贷款公司成本效率进行统计性分析，可以发现现阶段我国小额贷款公司的成本效率水平普遍较低，均值仅为 0.4093，远低于最优水平，并且统计性分析和实证分析证明，融资政策变迁后小额贷款公司的平均成本效率有所降低。这说明小额贷款公司与客户达成信贷契约的成本仍较高，并且交易成本有增加的趋势。因此，小额贷款公司有必要提升内部治理能力，增强成本的管控力度，以达到降低交易费用的政策目标。

第三，外部融资是我国小额贷款公司的占优策略。实证结果显示，小额贷款公司的资产负债率与成本效率正相关，内部融资比例与成本效率正相关。这表明小额贷款公司选择外部融资更利于提高成本效率。可能的原因是小额贷款公司执行的一般工商企业税率放大了外部融资的税盾效应。所以，外部融资是我国小额贷款公司现阶段的较优策略。

第 7 章

融资政策对小额贷款公司多重绩效兼顾的影响

本书第 4 章、第 5 章、第 6 章分别分析了融资政策影响小额贷款公司单一绩效的影响机制。这就自然引申出一个问题：现行融资政策对小额贷款公司多重绩效的兼顾有什么影响。或者说，在现有融资政策的影响下，小额贷款公司能否兼顾多重绩效。对这一问题的分析一方面可以揭示现行融资政策安排的有效性，另一方面也能揭示我国小额贷款公司多重绩效的兼顾情况，为融资政策的改进和指导小额贷款公司的发展提供理论依据。

7.1　理论分析与研究假设

7.1.1　社会绩效与财务绩效的关系

随着国际小额信贷运动的发展，世界范围内形成了一个相对一致的观点：小额信贷机构应该同时实现机构的财务可持续（财务绩效）和为贫困人口提供金融服务（社会绩效）的经营目标。然而，现实中对于商业化小额信贷机构能否实现财务绩效和社会绩效的兼顾，一直存在激烈的争论。

一些学者认为，商业化小额贷款公司难以惠及弱势群体，社会绩效和财务绩效两个目标之间存在着替代关系。原因主要有以下几点：第一，小额贷款公司融资成本偏高，导致贷款利率水平也较高，并且由于公司运行模式不规范、治理效率低以及贷款额度偏小等特点，导致所提供的服务与小微客户的需求存在诸多矛盾[2,18]。第二，许多小额贷款公司实际上是在“只贷不存”的硬性约束与银行业的激烈竞争条件下追求资本收益最大化，盈利动机的存在导致其更加注重效率从而转向较为优质的客户，造成其发展路径与政策定位初衷有所偏离[158]。第三，对小微客户群体及小额贷款的界定未统一。实践中的“小额贷款”只是一个相对的概念，在不同地区和不同经济环境下其内涵存在差异[43]。概念界定不清一方面使经营者在实践中偏离政策初衷，另一方面也导致现有的评价体系难以对小额贷款公司的多重绩效作出正确评价[44]。第四，部分股东出资成立小额贷款公司的首要目标并不是为了支持“三农”等弱势群体，而是希望获得金融牌照，为进入银行业作准备，所以并不会主动追求提升社会绩效[159]。

但是，随着我国经济环境和制度环境的变化，小额贷款公司财务绩效和社会绩效产生矛盾的基础可能并不存在。第一，随着我国经济水平的不断提升，涉农客户与非农客户的经济差距进一步缩小，而且按照政策规定，小额贷款公司的利率上限可达到同期基准贷款利率的4倍，加上农村金额市场仍处于卖方市场状态，这为小额贷款公司挑选高收益、低风险客户提供了空间[4]。第二，现阶段各省份推行的激励型融资政策普遍提高了小额贷款公司的融资杠杆率上限，增加了融资渠道种类，不仅降低了机构的融资成本，也拓宽了机构可能的利润边界，促进了财务绩效的提升。第三，激励型融资政策将小额贷款公司的经营表现与融资规模相挂钩，激励小额贷款公司提升社会绩效水平和改善治理能力。因此，向小微客户发放贷款不仅能获得相应的贷款利息收入，还能获得潜在的融资收益，使得小额贷款公司服务小微客户的总收益接近甚至超过向非小微客户提供贷款的总收益；而且治理能力的提升不仅能够增加服务存量客户产生的利润，还能获得一定的增量客户，进而拓宽公司利润边界。第四，为了保证融资分级制度的顺利实施，实施激励型融资政策的省份相继颁布了详细的监管考核标准，明确了社会绩效的概念，有效约束了小额贷款公司的经营行为。

基于以上分析，提出本章假设1：在激励型融资政策的影响下，小额贷款公司可以兼顾财务绩效和社会绩效。

7.1.2 社会绩效与成本效率的关系

根据现有社会绩效评价体系，当小额贷款公司的社会绩效越好时，其平均贷款规模越小，服务的小微客户和涉农客户的数量越多。与提供大额贷款相比，一般研究认为，向小微客户提供服务的成本较高，主要原因有3个方面：一是小微客户的经济信息相对不完全、不透明，导致获取难度较大[19]；二是小微客户生产经营的风险较大，需要支付更多的维护成本；三是小微客户的地理分布等物理特征会增加经营成本[137]。因此，在激励型融资政策的影响下，随着社会绩效水平的提升，小额贷款公司的经营成本也会高于完全经营大额贷款业务时的状态，进而造成成本效率的下降。但是，基于我国农村经济的现实条件，服务更多的小微客户和涉农客户未必会面临更高的制度性成本。主要有 3 个方面的原因：第一，政策规定小额贷款公司的社会绩效目标要求其将贷款投向涉农客户或小微客户。但在实践中，监管部门将县域内所有的客户群体均划分为涉农客户，相较于贫困人群，县域内的小微企业和中等以上收入的农村大户具有更高的收入水平和更强的还款能力，是现阶段我国小额贷款公司的主要客户群体[4]。所以向这部分客户群体提供服务可以在不降低涉农贷款比例或小微客户占比的同时不增加小额贷款公司的经营成本。第二，我国小额贷款公司设立在县域，股东和信贷人员的当地化现象十分突出，使得小微贷款公司与目标客户的社会网络十分紧密，相比于正规金融机构具有更强的软信息优势，并且随着 IPC 等信贷技术的推广，能够减少信息不对称所引致的高成本。第三，激励型融资政策放松了对小额贷款公司融资约束，降低了制度性交易费用，而且对社会绩效水平的要求会激励小额贷款公司提升治理能力，进而降低公司内部的管理型交易费用，进而提升了成本效率。相反的，小额贷款公司成本效率的提升意味着其治理能力的增强，不仅能降低现有客户的服务成本，还将原本因服务成本过高被排斥在外的群体变为公司的潜在客户。在市场竞争激励的背景下，小额贷款公司会拓展此部分客群以增加经营收益，进而提升社会绩效水平。

基于以上分析，提出本章假设 2：在激励型融资政策的影响下，小额贷款公司的社会绩效与成本效率之间存在正向影响。

7.1.3　成本效率与财务绩效的关系

成本效率是用来衡量市场环境相同、产出相同的情况下，行为主体的真实成本接近最小成本边界或最佳运营成本的程度，即厂商的经营选择与帕累托最优的距离[138,155]。因此，当成本效率越高时，小额贷款公司的治理能力越强，能够有效配置公司掌握的金融资源，使得小额贷款公司制度的真实经营成本接近最优水平，同时也意味着其利润水平也接近既定产出下的最大化。此外，小额贷款公司的治理能力越强，在监管部门进行审查时获得的评价越好，能够获得更高的融资杠杆率和更多的融资渠道，有利于公司形成规模经济，获得更好的财务表现，即成本效率的提升有利于优化小额贷款公司的财务绩效。相反，当小额贷款公司的财务绩效越好时，可能出现两方面的情况：一方面意味着公司的经营情况越接近最优水平，相应的单位经营成本也相对较小；另一方面公司也有足够的经济资源去改善内部治理能力、创新贷款技术，进而促进制度性交易费用的减少。

基于以上分析，提出本章假设 3：小额贷款公司的成本效益与财务绩效之间存在正向影响。

7.2 研究设计

7.2.1 样本选择

本章所用样本数据与第 4 章相同，详见“4.2.1　样本选择”。

7.2.2 模型构建与变量选择

以往研究小额贷款公司多重绩效兼顾的文献多以单方程的形式考察二者之间的关系，较少考察多绩效之间的相互影响。在实践中，小额贷款公司的管理者会综合考虑公司的财务绩效、社会绩效和运作效率，并且从理论上分析三者之间存在互为因果的关系。因此，本章使用联立方程模型考察在融资政策的影响下小额贷款公司多重绩效实现的兼顾性。

$$Profit_{it} = \alpha_0 + \alpha_1 Social_{it} + \alpha_2 E_{it} + \alpha_3 X_{it} + \alpha_4 L_{it} + \delta_{it} \tag{7-1}$$

$$Social_{it} = \beta_0 + \beta_1 Profit_{it} + \beta_2 E_{it} + \beta_3 X_{it} + \beta_4 L_{it} + \varepsilon_{it} \tag{7-2}$$

$$E_{it} = \gamma_0 + \gamma_1 Profit_{it} + \gamma_2 Social_{it} + \gamma_3 X_{it} + \gamma_4 L_{it} + \theta_{it} \tag{7-3}$$

$Profit_{it}$代表小额贷款公司的财务绩效，由于数据限制，且考虑融资情况对小额贷款公司经营的影响，选择资产利润率 *ROA* 来表示财务绩效。$Social_{it}$代表小额贷款公司的社会绩效，一般对社会绩效的考察从服务广度和服务深度两方面展开，所以选择$Mirco_{it}$和$Depth_{it}$两个指标表示社会绩效。E_{it}代表小额贷款公司的运作效率，选择成本效率CE_{it}来表示。X_{it}为融资政策变量，参照第三章的界定，分别使用$Policy_{it}$、$Limit_{it}$、$Channel_{it}$来表示。L_{it}为控制变量，主要参照第 4 章、第 5 章和第 6 章实证模型的控制变量；另外，基于联立方程模型的可识别性要求，对控制变量进行了删减。δ_{it}、ε_{it}、θ_{it}为扰动项。为方便下文分析，将公式（7－1）称为“财务绩效方程”，将公式（7－2）称为“社会绩效方程”，将公式（7－3）称为“成本效率方程”。基于社会绩效服务广度和服务深度的区分，因此本章具体设定了两个联立方程组，具体如下：

联立方程模型（1）：

$$ROA_{it} = \alpha_0 + \alpha_1 Micro_{it} + \alpha_2 CE_{it} + \alpha_3 X_{it} + \alpha_4 Reserve_{it} + \alpha_5 RCA_{it} + \alpha_6 HHI_{it} + \alpha_7 lnasset_{it} + \alpha_8 AIR_{it} + \alpha_9 Credit_{it} + \alpha_{10} Longloan_{it} + \delta_{it} \tag{7-4}$$

$$Micro_{it} = \beta_0 + \beta_1 ROA_{it} + \beta_2 CE_{it} + \beta_3 X_{it} + \beta_4 OER_{it} + \beta_5 DR_{it} + \beta_6 lnasset_{it} + \beta_7 AIR_{it} + \beta_8 Credit_{it} + \beta_9 Longloan_{it} + \varepsilon_{it} \tag{7-5}$$

$$CE_{it} = \gamma_0 + \gamma_1 ROA_{it} + \gamma_2 Micro_{it} + \gamma_3 X_{it} + \gamma_4 IFC_{it} + \gamma_5 DR_{it} + \gamma_6 lnasset_{it} + \gamma_7 AIR_{it} + \gamma_8 Credit_{it} + \gamma_9 Longloan_{it} + \theta_{it} \tag{7-6}$$

联立方程模型（2）：

$$ROA_{it} = \alpha_0 + \alpha_1 Depth_{it} + \alpha_2 CE_{it} + \alpha_3 X_{it} + \alpha_4 Reserve_{it} + \alpha_5 RCA_{it} + \alpha_6 HHI_{it} + \alpha_7 lnasset_{it} + \alpha_8 AIR_{it} + \alpha_9 Credit_{it} + \alpha_{10} Longloan_{it} + \delta_{it} \tag{7-7}$$

$$Depth_{it} = \beta_0 + \beta_1 ROA_{it} + \beta_2 CE_{it} + \beta_3 X_{it} + \beta_4 OER_{it} + \beta_5 DR_{it} + \beta_6 lnasset_{it} + \beta_7 AIR_{it} + \beta_8 Credit_{it} + \beta_9 Longloan_{it} + \varepsilon_{it} \tag{7-8}$$

$$CE_{it} = \gamma_0 + \gamma_1 ROA_{it} + \gamma_2 Depth_{it} + \gamma_3 X_{it} + \gamma_4 IFC_{it} + \gamma_5 DR_{it} + \gamma_6 lnasset_{it} + \gamma_7 AIR_{it} + \gamma_8 Credit_{it} + \gamma_9 Longloan_{it} + \theta_{it} \tag{7-9}$$

7.3　实证结果分析

7.3.1　方程的可识别性检验

联立方程模型可识别是进行参数估计的前提条件，即在联立方程模型中所有的结构方程都不能被模型系统中其他方程或所有方程的任意线性组合所构成的新方程所表示。常用的判别标准是联立方程模型中每个方程都包含其他方程都不包括的至少一个变量（内生或外生变量），并且互不相同[160]。因此，联立方程模型（1）和模型（2）均满足可识别标准，可以进行参数估计。

7.3.2 方程的可联立性检验

联立方程模式的估计方法有单方程估计法和系统估计法两种，一般而言，系统估计法考虑了各个方程间的联系，更有效率。本章运用 Hausman 内生性检验对方程组进行可联立性检验，即检验扰动项与内生变量是否相关[160]。如果相关，则使用系统估计法。首先将财务绩效、社会绩效和成本效率作为因变量，将所有外生变量作为自变量进行最小二乘回归，得到对应的 3 个残差值e_1、e_2、e_3；然后，依次以一个内生变量作为因变量，剩余两个内生变量及对应残差项、所有外生变量作为自变量，重新进行最小二乘回归；最后，利用 t 检验考察残差项的显著性判断对应变量是否具有内生性。如表 7－1 和表 7－2 所示，t 检验结果显示残差项系数均通过显著性检验。因此，使用系统估计法效果更稳健。

7.3.3 计量结果分析

为保证估计结果的一致性和有效性，本章使用三阶段最小二乘法（3SLS）对联立方程模型（1）和模型（2）进行估计。具体结果见表 7－3 和表 7－4。

表 7－3 的所有财务绩效方程中，小微客户占比（Micro）对资产利润率（ROA）有显著的正向影响，说明小微客户占比越高的小额贷款公司具有更高的资产回报率，原因在于随着社会绩效水平的提升，小额贷款公司能够融入更多的资金，可贷资金规模的扩大显著提升了资产利润率。成本效率（CE）均对资产利润率（ROA）有显著的正向影响，说明成本效率越高的小额贷款公司具有更高的资产回报率，原因在于小额贷款公司成本效率的提升显著降低了单位贷款经营成本，进而提升了资产利润率。

表 7 - 1　变量的内生性检验 1

	Policy			Limit			Channel		
	e_1	e_2	e_3	e_1	e_2	e_3	e_1	e_2	e_3
ROA		-30.41*** (0.00)	-88.15*** (0.00)		-29.99*** (0.00)	-86.01*** (0.00)		-30.48*** (0.00)	-91.32*** (0.00)
Micro	-0.46*** (0.00)		-7.77*** (0.00)	-0.48 (0.00)		-7.79*** (0.00)	-0.47*** (0.00)		-7.87*** (0.00)
TE	0.01*** (0.00)	0.15*** (0.00)		-0.02*** (0.01)	-0.20* (0.06)		-0.02*** (0.01)	-0.18* (0.09)	

注：***、** 和 * 分别表示在 1%、5% 和 10% 的水平上显著，以下表格均相同。

表 7 - 2　变量的内生性检验 2

	Policy			Limit			Channel		
	e_1	e_2	e_3	e_1	e_2	e_3	e_1	e_2	e_3
ROA		-65.12*** (0.00)	0.06*** (0.08)		0.06* (0.07)	-63.16*** (0.00)		-66.68*** (0.00)	0.05* (0.10)
Depth	0.02*** (0.00)		1.01*** (0.00)	15.48*** (0.00)		237.15* (0.08)	-2.64*** (0.01)		-530.67*** (0.00)
TE	-0.02** (0.05)	0.00*** (0.01)		-0.03** (0.03)	-0.01** (0.02)		-0.02** (0.03)	0.01** (0.03)	

表 7 – 3　联立方程模型（1）回归结果（服务广度）

	Policy			Limit			Channel		
	ROA	Micro	CE	ROA	Micro	CE	ROA	Micro	CE
ROA		0.0134 (−0.56)	0.0096*** (2.99)		0.0134 (−0.55)	0.0104*** (3.17)		0.0078 (−0.32)	0.0098*** (3.05)
Micro	15.6072*** (2.82)		0.1075*** (7.07)	16.2777*** (3.03)		0.1057*** (6.89)	15.6963*** (2.89)		0.1056*** (6.72)
CE	55.0292*** (3.04)	7.0011*** (4.29)		50.4264*** (3.00)	7.0670*** (4.18)		54.2386*** (3.01)	6.7188*** (3.92)	
Policy	1.7893** (2.48)	0.1760*** (2.74)	−0.0283*** (−3.99)						
Limit				2.0717*** (3.04)	0.1869** (2.58)	−0.0329*** (−4.34)			
Channel							1.6146** (2.57)	0.0994* (1.74)	−0.0195*** (−2.81)
Reserve	−8.3396 (−1.15)			−8.3741 (−1.20)			−8.2660 (−1.16)		
RCA	3.3892 (1.43)			3.3864 (1.42)			3.2335 (1.39)		
HHI	−12.1399*** (−3.09)			−12.2529*** (−3.21)			−11.8967*** (−3.08)		

续表

	Policy			Limit			Channel		
	ROA	Micro	CE	ROA	Micro	CE	ROA	Micro	CE
DR		0. 7036 *** (3. 47)	-0. 0940 *** (-3. 77)		0. 7435 *** (3. 49)	-0. 1004 *** (-4. 02)		0. 6866 *** (3. 36)	-0. 0945 *** (-3. 76)
OER		1. 3269 ** (2. 20)			1. 4713 ** (2. 43)			1. 4128 ** (2. 34)	
IFC			-0. 0864 (-1. 45)			-0. 0976 (-1. 60)			-0. 0962 (-1. 61)
lnasset	0. 4624 (0. 89)	-0. 1966 *** (-5. 66)	0. 0223 *** (4. 60)	0. 4389 (0. 88)	-0. 2060 *** (-5. 50)	0. 0239 *** (4. 96)	0. 5558 (1. 15)	-0. 1809 *** (-5. 44)	0. 0201 *** (4. 16)
AIR	0. 3851 *** (4. 43)	0. 0001 (0. 01)	-0. 0023 * (-1. 89)	0. 3737 *** (4. 46)	-0. 0008 (-0. 08)	-0. 0023 * (-1. 92)	0. 4021 *** (4. 62)	-0. 0007 (-0. 07)	-0. 0026 ** (-2. 06)
Credit2	-4. 4979 ** (-2. 21)	0. 3443 *** (4. 08)	-0. 0391 *** (-2. 93)	-4. 7130 ** (-2. 39)	0. 3466 *** (4. 04)	-0. 0389 *** (-2. 90)	-4. 6886 *** (-2. 34)	0. 3354 *** (4. 04)	-0. 0369 *** (-2. 73)
Long	0. 1169 (0. 12)	0. 1158 (1. 58)	-0. 0139 (-1. 28)	0. 1926 (0. 20)	0. 1250 * (1. 65)	-0. 0155 (-1. 44)	-0. 0010 (-0. 00)	0. 0954 (1. 34)	-0. 0110 (-1. 01)
常数项	-35. 3261 *** (-3. 74)	0. 8897 (1. 32)	-0. 0108 (-0. 12)	-32. 9547 *** (-3. 59)	1. 0501 (1. 58)	-0. 0411 (-0. 44)	-36. 6514 *** (-3. 92)	0. 7574 (1. 08)	0. 0256 (0. 28)

表 7-4 联立方程模型（2）回归结果（服务深度）

	Policy			Limit			Channel		
	ROA	Depth	CE	ROA	Depth	CE	ROA	Depth	CE
ROA		-1.4773 (-1.16)	0.0198*** (4.57)		-1.5235 (-1.18)	0.0204*** (4.56)		-1.5037 (-1.18)	0.0195*** (4.52)
Depth	-0.1182 (-1.47)		-0.0001 (-0.23)	-0.1163 (-1.54)		-0.0001 (-0.17)	-0.1205 (-1.47)		-0.0001 (-0.13)
CE	91.4742*** (3.69)	-32.9996 (-0.27)		89.2038*** (3.70)	-43.1227 (-0.35)		91.5508*** (3.62)	-23.6697 (-0.19)	
Policy	0.9721 (1.13)	-9.3857*** (-2.61)	-0.0271*** (-2.90)						
Limit				1.5764** (2.06)	-7.7971** (-1.91)	-0.0361*** (-3.67)			
Channel							0.7392* (0.83)	-9.6190*** (-2.79)	-0.0247*** (-2.60)
Reserve	8.1195 (1.55)			8.5287** (1.65)			7.8223 (1.49)		
RCA	-1.6607 (-0.63)			-1.6321 (-0.62)			-1.5970 (-0.60)		
HHI	-0.3257 (-0.15)			-0.1983 (-0.10)			-0.2385 (-0.11)		

续表

	Policy			Limit			Channel		
	ROA	Depth	CE	ROA	Depth	CE	ROA	Depth	CE
DR		-25.9134** (-2.33)	-0.0356* (-1.80)		-28.3752** (-2.46)	-0.0395* (-1.93)		-25.5088** (-2.30)	-0.0352* (-1.79)
OER		-115.2175*** (-3.46)			-122.5289*** (-3.57)			-112.7249*** (-3.40)	
IFC			-0.2120** (-2.15)			-0.2192** (-2.18)			-0.2054** (-2.10)
lnasset	0.6473 (1.13)	10.4229*** (5.65)	0.0013 (0.22)	0.5014 (0.92)	10.6007*** (5.32)	0.0036 (0.61)	0.7039 (1.19)	10.4998*** (5.72)	0.0009 (0.15)
AIR	0.3579*** (3.58)	-0.0942 (-0.17)	-0.0064*** (-4.47)	0.3476*** (3.61)	-0.0374 (-0.07)	-0.0062*** (-4.42)	0.3597*** (3.55)	-0.1007 (-0.18)	-0.0063*** (-4.43)
Credit	-1.7411 (-0.98)	-19.0577*** (-4.48)	-0.0088 (-0.55)	-1.7265 (-1.02)	-18.9417*** (-4.41)	-0.0079 (-0.49)	-1.8033 (-1.00)	-18.9009*** (-4.46)	-0.0074 (-0.46)
Long	-1.1379 (-0.73)	-16.1908*** (-4.22)	-0.0012 (-0.09)	-0.9554 (-0.65)	-16.1935*** (-4.12)	-0.0032 (-0.25)	-1.2117 (-0.76)	-16.2371*** (-4.25)	-0.0004 (-0.03)
常数项	-43.6099*** (-3.66)	-109.9271** (-2.40)	0.4301*** (4.86)	-40.2147*** (-3.49)	-110.9367*** (-2.58)	0.3836*** (4.29)	-44.5423*** (-3.62)	-115.1139*** (-2.52)	0.4337*** (4.85)

表 7 - 3 的所有社会绩效方程中，资产利润率（ROA）对于小微客户占比（Micro）影响不显著，但系数的符号为正。说明财务绩效表现好的小额贷款公司并不会主动追求提升社会绩效，原因在于小额贷款业务的单位利润要低于大额贷款业务，并且财务绩效表现较好的小额贷款公司也可能缺乏足够的动力去追求融资收益。成本效率（CE）对小微客户占比（Micro）的影响则显著为正，说明在成本效率越高的小额贷款公司客户中，小微客户的数量占比越高，原因在于成本效率的提升降低了小额贷款公司的单位贷款经营成本，能够将原本因服务成本过高被排斥在外的弱势群体纳入公司的服务范围，进而提升社会绩效。

在表 7 - 3 所有的成本效率方程中，资产利润率（ROA）对成本效率（CE）有显著的正向影响，说明资产利润率越高的小额贷款公司具有更高的成本效率，原因在于在既定经营规模下小额贷款公司的资产利润率越高，其经营状况也接近于最优水平，所以其成本效率也更高。小微客户占比（Micro）对成本效率（CE）有显著的影响，说明小额贷占比越高的小额贷款公司具有更高的成本效率，原因在于小额贷款业务的单位经营成本相对较高，因此小微客户占比越高，经营者越有动力通过提升治理能力降低内部制度性交易费用，进而提升成本效率。

表 7 - 4 中所有财务绩效方程中，平均贷款规模（Depth）对资产利润率（ROA）均没有显著影响，同时在所有的社会绩效方程中，资产利润率（ROA）对平均贷款规模（Depth）也均没有显著影响，说明小额贷款公司的财务绩效和服务深度之间没有显著的因果关系。可能的原因在于，经营者在发放贷款时不会刻意关注贷款额度，并且融资政策中对社会绩效的规定也注重于服务小微客户的数量，未注重小微客户的层次，导致经营者不会主动追求深化服务深度。另外，第 5 章研究表明，样本小额贷款公司所服务的客户整体层次相对较高，多是微小企业和农村大户等县域内相对优质的客户，表明小额贷款公司仍存在通过发放大额贷款提升财务绩效的倾向，现有的平均贷款规模（Depth）水平只是对政策要求妥协的结果。此外，根据社会绩效方程和成本效率方程的结果，平均贷款规模（Depth）与成本效率（CE）之间不存在显著的因果关系，也表明经营者对服务深度的不重视。另外，回归结果显示成本效率（CE）与资产利润率（ROA）之间保持显著

的正向关系，与联立方程模型（1）的回归结果一致。

在融资政策变量方面，所有模型结果显示，变量 Policy、Limit 和 Channel 对财务绩效（ROA）和社会绩效（Micro）均有显著的正向影响，对成本效率（CE）有显著的负向影响，与第 4 章、第 5 章和第 6 章回归结果一致。在控制变量方面，联立方程模型（1）和模型（2）的回归结果与第 4 章、第 5 章和第 6 章回归结果一致，本章不再展开分析。

上述结果可以用图 7－1 来表示，图形中箭头方向分别表示主体对客体的影响，实线为显著影响，虚线为不显著影响，箭头两侧的正负号表示作用方向。可以看出，在现有融资政策的影响下，小额贷款公司在经营中可以兼顾实现财务绩效、服务广度和成本效率，验证了本章假设。

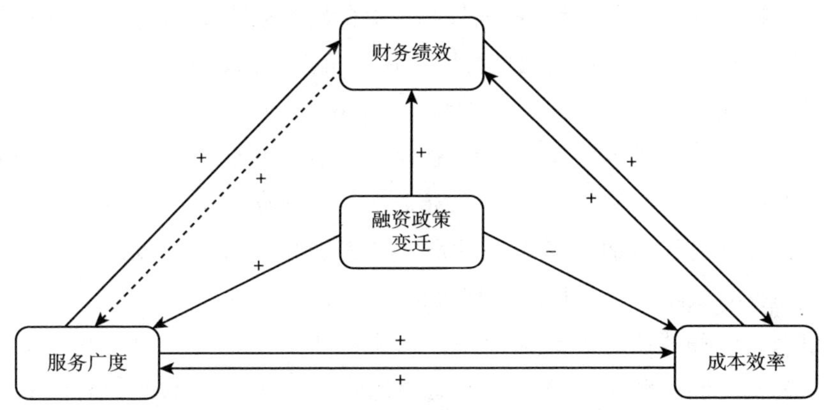

图 7－1　小额贷款公司多重绩效之间的关系

该结论证明了现行的激励型融资政策的有效性，即通过绑定社会绩效水平和融资资格，实行融资分级制度，能够激励小额贷款公司主动增加小微客户的服务数量，拓宽服务广度；并通过强化治理能力提高成本效率，结合融资带来的可贷资金规模的扩大，最终提升财务绩效，实现机构的财务可持续。但也应该看到，小额贷款公司能够兼顾多重绩效的本质原因在于政策的影响，未能从根本上解决财务绩效和社会绩效之间的矛盾。随着融资收益的边际递减，财务绩效和社会绩效之间的矛盾可能再次凸显。此外，结合服务深度与财务绩效之间的关系，可以发现多重绩效的兼顾也存在一定的缺陷，在融资政策的激励下，小额贷款公司更多地选择通过增加小微客户数量的方式提高社会绩效，并非通过服务更低层次的客户的方式来提高社会绩效。因此，政府部门在未来升级融资政策时，需要加强对低层次客户的重视，深化小额贷款公司的服务深度；而且需要政府部门与小额贷款公司共同努力，促进地方金融市场的发展，从根本上缓解财务绩效和社会绩效之间的矛盾，更好地为地方经济发展服务。

7.4　本章小结

关于小额贷款公司能否同时兼顾多重绩效，一直是社会各界争论的焦点。本章在梳理已有文献的基础上，结合我国现阶段实行的激励型融资政策，对小额贷款公司财务绩效、社会绩效和成本效率之间的关系进行了研究，并通过构建联立方程模型进行了实证分析。结论显示：

第一，在激励型融资政策的影响下，小额贷款公司可以兼顾实现财务绩效、服务广度和成本效率。该结论验证了现行的激励型融资政策的有效率，即通过绑定社会绩效水平和融资资格，实行融资分级制度，能够有效激励小额贷款公司增加小微客户的服务数量，拓宽服务广度，并通过强化治理能力提高成本效率，最终实现机构的财务可持续。

第二，财务绩效与社会绩效的矛盾未从根本上消除。也应该看到，小额贷款公司能够兼顾多重绩效的本质原因在于政策的影响并没有从根本上解决财务绩效和社会绩效之间的矛盾。随着融资收益的边际递减，财务绩效和社会绩效之间的矛盾可能再次凸显。此外，结合服务深度与财务绩效之间的关系，可以发现多重绩效的兼顾也存在一定的缺陷，在融资政策的激励下，小额贷款公司更多地选择通过增加小微客户数量的方式提高社会绩效，并非通过服务更低层次的客户的方式来提高社会绩效。因此，政府部门和小额贷款公司下一步需要加强对低层次客户的重视，去解决此类客户的融资难问题。同时需要双方共同努力，促进地方金融市场的发展，从根本上缓解财务绩效和社会绩效之间的矛盾，更好地为地方经济发展服务。

第8章

结论和政策建议

8.1 研究的主要结论

本书以规制经济学为基础，结合制度经济学和博弈论，对小额贷款公司的融资政策及其对多重绩效的影响进行了系统研究。首先，本书梳理、归纳了小额贷款公司的融资政策，总结出融资政策从纯规制型到激励型转变的特点，并结合小额贷款公司制度的设立初衷，分析中央和地方两级融资政策制定及变迁的理论逻辑。其次，本书在界定小额贷款公司多重绩效内涵的基础上，通过构建数理模型和博弈模型等理论框架，分别探讨了融资政策对小额贷款公司财务绩效、社会绩效和运作效率的影响机制，并进一步分析了多重绩效的兼顾性。最后，本书利用 2015—2017 年 3 次问卷调查收集的全国小额贷款公司数据，采用多元回归模型和联立方程模型，验证了对融资政策对多重绩效的影响及多重绩效的兼顾。本书的主要结论如下：

第一，融资政策的设定初衷是约束小额贷款公司的融资行为，以保证其坚持满足小微客户金融需求的政策定位。小额贷款公司的设立是我国新一次的农村金融体制增量改革，也是民间资本进入金融业的首次尝试，政府制定小额贷款公司制度的初衷是以商业化的形式满足小微客户的信贷需求，解决农村金融领域供给不足的问题。所以融资政策的制定也是围绕确保小额贷款公司坚持政策定位展开的。但是，由于政府部门缺乏对商业性小额信贷机构的监管经验，加上农村基金合作会的失败，导致政府在出台监管政策时十分谨慎，一定程度上延续了金融抑制的思路，对小额贷款公司的融资行为进行了严格限制，一方面确保其坚持服务“三农”、小微企业的政策定位，另一方面也避免重蹈农村合作基金会的覆辙。

第二，融资政策表现出从约束型政策到激励型政策变迁的特点。金融抑制政策的存在使得我国非国有金融体系的发展始终落后于国有金融体系。小额贷款公司是我国民间资本进入金融业的首次尝试，政府缺乏相关监管经验，所以中央政府在制定小额贷款公司的融资政策时存在“路径依赖”，制定了严格的融资约束政策，限制了小额贷款公司的融资行为。地方政府在试点初期也普遍照搬了中央融资政策。但地方经济的迅速发展再次凸显了金融制度供给与需求之间的矛盾，约束型融资政策未能有效促进政策初衷的实现；而且小额贷款公司经营者等相关利益群体也拥有了一定的博弈能力。因此，地方监管部门纷纷推动融资政策变迁，一定程度上放宽了小额贷款公司面临的融资约束。同时，为了确保小额贷款公司坚持服务“三农”、小微企业的政策定位，地方监管部门普遍采用激励型融资政策，给予小额贷款公司正面激励，避免产生“使命漂移”现象，以切实提高对低收入人群的有效供给能力。

第三，融资约束对小额贷款公司的财务绩效造成负面影响，限制其金融供给能力，而融资政策的变迁降低了融资约束，有利于提升财务绩效。中央融资政策规定，小额贷款公司从外部融资的余额不得超过资本净额的50%，一些省份虽然提升了小额贷款公司的融资杠杆率上限，但仍显著低于银行业金融机构10倍以上的杠杆倍数。理论上，影响贷款收入规模的因素主要有可贷资金规模、贷款利率、贷款周转率等。融资杠杆率约束不仅限制了小额贷款公司可贷资金规模，而且为了获得更高的收益，经营者会选择提高贷款利率或加快贷款周转速度，这又会降低小微客户的信贷可得性。所以，融资约束不仅对财务绩效造成负面影响，还抑制了小额贷款公司的金融供给能力。

第四，我国小额贷款公司的社会绩效水平相对较低，一定程度上偏离了服务“小微企业”的政策定位。我国小额贷款社会绩效水平相对较低，历年小微客户占比的均值和中位数均未超过50%，服务广度较小；调整后的平均贷款规模远超国际通行的4倍标准，服务深度严重不足，而且样本小额贷款公司的平均贷款利率水平也高于同期银行业贷款利率。这表明小额贷款公司的贷款客户多是财务状况相对较好的群体，即多是小微企业和农村大户等县域内中高端客户，一定程度上偏离了服务“小微企业”的政策定位。此外，我国小额贷款公司未能实现资产利润率、服务深度和成本效率的兼顾，也体现出我国小额贷款公司在服务深度方面的不足。换言之，我国小额贷款公司社会绩效的数量和质量均有待提升。

第五，更高的融资激励能够促进小额贷款公司坚持政策定位。激励型融资政策提高了融资杠杆率上限，增加了融资渠道种类，以更高的财务收益为诱因，从根源上削弱了财务绩效和社会绩效之间的矛盾，不仅约束了小额贷款公司的违规经营行为，并且有效激励小额贷款公司追求更高的社会绩效水平，实现了政策目标。

第六，小额贷款公司与客户达成信贷契约的交易费用较高，制度的运作效率有待提升。通过测度样本小额贷款公司的成本效率，发现我国小额贷款公司的成本效率普遍偏低，意味着小额贷款公司与客户达成信贷契约的交易费用仍较高。此外，融资政策变迁对成本效率有负面影响，说明融资政策变迁未能促进制度性交易费用的降低。主要原因在于融资政策变迁削弱了小额贷款公司的经营压力，导致经营者改善治理能力、创新贷款技术的动力降低，不利于制度运作效率的提升。因此，我国小额贷款公司制度的运作效率相对较低。

第七，在政策允许的范围内，小额贷款公司能够实现多重绩效的兼顾。关于小额贷款公司能否兼顾多重绩效一直是社会各界争论的焦点问题。本书通过理论分析和实证分析验证了在激励型融资政策的影响下，我国小额贷款公司能够实现多重绩效的兼顾。小额贷款公司多重绩效难以兼顾的核心原因在于小额信贷业务的低收益与机构经营者利润最大化目标之间的矛盾，但激励型融资政策的实施扭转了小额信贷业务的低收益特点。激励型融资政策将融资收益与社会绩效水平等指标钩挂，小额贷款公司在经营小额信贷业务时不仅可以获得对应的利息收入，还能获得一定的融资收益，使得经营小额信贷业务的总收益接近或超过大额信贷业务的总收益。因此，在政策允许的范围内，小额贷款公司能够实现多重绩效的兼顾。这一结论不仅验证了激励型融资政策的有效性，还证明了小额贷款公司制度的有效性。

8.2　政策建议

根据以上研究结论，为了更好地优化融资政策、促进小额贷款公司实现多重绩效，提出以下政策建议：

第一，应适度放宽融资政策限制，增强小额贷款公司金融供给能力。

小额贷款公司作为立足于县域的小额信贷机构，一定程度上克服了信息不对称问题，在服务小微客户方面具有相对优势。然而，融资杠杆率约束限制了小额贷款公司的可贷资金规模，不仅降低了小额贷款公司的金融供给能力，还可能导致平均贷款利率的提高和贷款周转速度的加快，降低小微客户的信贷可得性。因此，应建立多元化的融资支持体系，增强小额贷款公司的金融供给能力：一方面，可适当放宽融资杠杆率限制，由小额贷款公司与资金供给方自主确定融资规模，给予其更大的增长空间；另一方面，可继续拓展融资渠道数量，允许小额贷款公司根据自身需要选择合适的融资方式，降低融资成本。

第二，坚持实施激励型融资政策，避免机构出现“使命漂移”现象。为了达到政策初衷，政府要求小额贷款公司经营贷款业务时应坚持“小额、分散”的原则。但财务绩效和社会绩效的冲突可能导致“使命漂移”现象。根据本书研究，激励型融资政策削弱了小额贷款公司面临的融资约束，将小额贷款公司的融资收益与社会绩效挂钩，削弱财务绩效和社会绩效之间的冲突，约束了小额贷款公司的违规经营行为；并且融资分级制度的实行也给予小额贷款公司正面诱因，激励其追求更高的社会绩效水平。因此，地方政府应坚持实施激励型融资政策，对真正符合政策初衷的小额贷款公司给予融资激励，避免机构出现“使命偏移”；并且，可根据小额贷款公司发展需求，适度增强融资激励，确保小额贷款公司始终坚持政策初衷。

第三，警惕小额贷款公司不能兼顾多重绩效的潜在可能，加强对服务深度的重视。本书验证了在激励型融资政策的影响下，小额贷款公司能够兼顾多重绩效。但也应注意到，小额贷款公司能够兼顾多重绩效的本质原因在于融资激励的存在，未能从根本上解决小额贷款业务低收益的缺陷。随着融资收益的边际递减，财务绩效和社会绩效之间的矛盾可能再次凸显。此外，结合服务深度与财务绩效之间的关系，可以发现多重绩效的兼顾也存在一定的缺陷，在融资政策的激励下，小额贷款公司更多地选择通过增加小微客户数量的方式提高社会绩效，并非通过服务更低层次的客户的方式来提高社会绩效。因此，政府可以从改善小额贷款公司的经营环境和加强激励—约束两方面入手。首先，政府应助力改善地方信贷环境，促进地方金融市场发展，降低服务小额客户的经营成本，从根本上缓解财务绩效和社会绩效的矛盾；其次，政府应加强对低层次客户的重视，在融资政策中增加与贷款额度相关的融资要求，激励小额贷款公司深化服务深度，更好地满足低收入人群的金融需求；最后，加强对违规行为的处分力度，降低经营者违规经营的倾向。

第四，加强对交易费用的重视，促进小额贷款公司优化治理能力，提高制度运作效率。本书研究发现：我国小额贷款公司的成本效率普遍偏低，小额贷款公司与客户达成信贷契约的交易费用仍较高；而且融资政策变迁也未能促进制度性交易费用的降低。因此，政府应着手削弱小额贷款业务的交易费用，提高小额贷款公司制度的运作效率。首先，政府应加快农村地区的信用体系建设，培养低收入人群的金融意识，引导其建立经济信息档案，削弱与小额贷款公司之间的信息不对称。其次，政府应加强对小额贷款公司的引导和培育，提高公司治理水平，不断创新贷款技术，降低小额贷款公司的经营风险。最后，对发放涉农、小微贷款的小额贷款公司进行财务补贴和税收减免，直接降低其经营成本。

附　录

附表 1　　　　小微金融机构治理结构信息表

<table>
<tr><td colspan="4">联系人（必填，以便联系）</td></tr>
<tr><td>姓名</td><td></td><td>手机号</td><td></td></tr>
<tr><td>座机</td><td></td><td>邮箱</td><td></td></tr>
<tr><td>地址</td><td></td><td>邮编</td><td></td></tr>
<tr><td>机构法人代表</td><td></td><td colspan="2"></td></tr>
<tr><td colspan="4">A. ××××年 12 月底机构基本信息</td></tr>
<tr><td>机构中文全称</td><td colspan="3"></td></tr>
<tr><td>所在省市区</td><td></td><td>机构注册年份</td><td></td></tr>
<tr><td>机构业务网点个数</td><td></td><td>是否跨区域经营</td><td>是/否</td></tr>
<tr><td>员工总数</td><td></td><td>其中：女性员工数</td><td></td></tr>
<tr><td>本科员工数（人）</td><td></td><td>硕士及以上员工数（人）</td><td></td></tr>
<tr><td>信贷员人数</td><td></td><td>是否有财政或国有背景企业出资</td><td>是/否</td></tr>
<tr><td>××××注册所在县（市区）的 GDP（亿元）</td><td></td><td>××××年注册所在县（市区）的总人口（万人）</td><td></td></tr>
<tr><td>××××年度缴纳的税收总额（万元）</td><td></td><td>××××年缴纳的税收总额（万元）</td><td></td></tr>
<tr><td>××××年 12 月末贷款风险准备金（万元）</td><td></td><td>经营范围</td><td></td></tr>
<tr><td colspan="4">B. ××××年 12 月底股权结构和公司治理基本情况</td></tr>
<tr><td rowspan="2">股东总个数</td><td rowspan="2"></td><td>其中：企业股东数量（个）</td><td></td></tr>
<tr><td>自然人股东个数</td><td></td></tr>
<tr><td>注册资本总额：万元</td><td></td><td>企业股东出资（万元）</td><td></td></tr>
<tr><td>最大的股东持股金额：万元</td><td></td><td>最大股东类型（企业/个人）</td><td></td></tr>
<tr><td>前五个大股东持股总额：万元</td><td></td><td>监事人数（人）</td><td></td></tr>
<tr><td>董事人数</td><td></td><td>监事会成员中在机构领取薪酬的人数</td><td></td></tr>
<tr><td>董事会成员中，持有公司股份的人数</td><td></td><td>董事会成员中在机构领取薪酬的人数</td><td></td></tr>
<tr><td>董事长性别（男/女）</td><td></td><td>总经理性别（男/女）</td><td></td></tr>
<tr><td colspan="4">简要陈述（请从发展目标、管理理念、取得成效、产品与业务创新、面临的挑战等方面进行陈述，500 字左右即可）</td></tr>
</table>

附表 2

小微金融机构贷款业务状况表

报告日期： 年 月 日

		20××年末		20××年末		20××年末		20××年末		20××年末	
		笔数（笔）	金额（万元）	笔数（笔）	金额（万元）	笔数（笔）	金额（万元）	笔数（笔）	金额（万元）	笔数（笔）	金额（万元）
贷款余额											
年度累计贷款额											
涉农贷款余额											
年度累计涉农贷款											
按对象	1. 个人贷款										
	其中：农牧户贷款										
	女性客户贷款										
	2. 个体工商户贷款										
	3. 农村专业合作组织贷款										
	4. 微型企业贷款										
	5. 小型企业贷款										
	6. 中型及以上企业贷款										
	7. 其他组织贷款										
按额度	1. 单笔额度 5 万元（含）以下的贷款										
	2. 单笔额度 5 万—10 万元（含）的贷款										
	3. 单笔额度 10 万—50 万元（含）的贷款										
	4. 单笔额度 50 万—100 万元（含）的贷款										
	5. 单笔额度 100 万元以上的贷款										
	6. 最高单笔贷款金额	—		—		—		—		—	
	7. 最低单笔贷款金额	—		—		—		—		—	

续表

		20××年末		20××年末		20××年末		20××年末		20××年末	
		笔数（笔）	金额（万元）	笔数（笔）	金额（万元）	笔数（笔）	金额（万元）	笔数（笔）	金额（万元）	笔数（笔）	金额（万元）
按行业	1. 农、林、牧、渔业贷款										
	2. 采矿业贷款										
	3. 制造业贷款										
	4. 电力、燃气及水的生产和供应业贷款										
	5. 建筑业贷款										
	6. 交通运输、仓储和邮政业贷款										
	7. 信息传输、计算机服务和软件业贷款										
	8. 批发和零售业贷款										
	9. 住宿和餐饮业贷款										
	10. 房地产业贷款										
	11. 租赁和商务服务业贷款										
	12. 居民服务和其他服务业贷款										
	13. 其他贷款										
按担保方式	1. 信用贷款										
	2. 保证贷款										
	其中：多户联保贷款										
	3. 抵押贷款										
	4. 质押贷款										
	5. 其他方式贷款										

续表

		20××年末		20××年末		20××年末		20××年末		20××年末	
		笔数（笔）	金额（万元）	笔数（笔）	金额（万元）	笔数（笔）	金额（万元）	笔数（笔）	金额（万元）	笔数（笔）	金额（万元）
按期限	1. 3个月（含）以内										
	2. 3—6个月（含）										
	3. 6—12个月（含）										
	4. 12个月以上										
按形态	1. 正常贷款										
	2. 逾期1—30天贷款										
	3. 逾期31—60天贷款										
	4. 逾期60—90天贷款										
	5. 逾期>90天贷款										
利率	1. 年利率低于10%（含）的贷款										
	2. 年利率介于10%—15%（含）的贷款										
	3. 年利率介于15%—20%（含）的贷款										
	4. 年利率介于20%—25%（含）的贷款										
	5. 年利率高于25%的贷款										
	6. 最高年利率（%）										
	7. 最低年利率（%）										
	8. 年平均利率（%）										

附表 3　　　　　　　　　　贷款产品情况表

	名称	还款方式： 1. 到期一次性还本付息 2. 分期等额本金 3. 分期等额本息 4. 分期付息到期还本	担保方式： 1. 个人信用贷款 2. 小组联保 3. 第三方担保 4. 抵押 5. 质押	最大贷款额度（万元）	名义利率（年%）	期限（月）
产品 1						
产品 2						
产品 3						
产品 4						
法人代表：			申报文件数据属实			
（签字）			主管财务负责人：			
申报企业（盖章）			（签字）			
年　月　日			年　月　日			

附表 4　　　　小微金融机构与利益相关者关系调查表

1	公司名称		
2	公司注册时间	年　月　日	
	A. 与股东关系		××××年末
1	董事会成员总数	单位：人	
2	其中：女性董事人数	单位：人	
3	董事长和总经理是否兼任	是/否	
4	董事长（董事会成员）是否参与审批贷款	是/否	
5	是否设立独立董事	是/否	
6	总经理是否有股份	是/否	
7	董事会成员所代表的机构（人）	股东董事	
		合作金融机构董事	
		社区或政府董事	
		职工董事	
		客户董事	

续表

A. 与股东关系			××××年末
8	董事会成员的专业背景（人）	金融和银行	
		法律	
		政府/公共服务	
		其他（请说明）	
	对股东借款是否有限制	是/否	
	若对股东借款有限制，怎么界定的？		
9	2015 年度董事会开会次数	次	
10	是否每次董事会都有完整的会议纪要	是/否	
11	公司章程是否明确指出董事的职责？	是/否	
12	请详细说明公司保障董事会职责发挥的相关制度		
13	请详细说明公司对管理层的激励制度		

B. 与客户关系

		当年累计放款客户数	当年累计放款总额（万元）	起诉客户不良贷款案件个数	处理客户投诉事例件数	公司信息在公众媒体上如广播、电视、报纸等发表次数
1	20××					
2	20××					
3	20××					
4	20××					
5	20××					

6	是否在合同利率之外收取财务顾问等费用？	是/否	
7	公司是否对客户重复获得贷款提供优惠？	是/否	
	若有，是何种优惠，请具体说明		
8	利率及收费信息等是否张贴在营业场所？	是/否	
9	公司贷款审批是否以担保（包括个人担保、联合担保、抵押等）来代替对客户偿债能力的分析	是/否	
10	公司产品的定价、期限和条件是否对客户完全公开？	是/否	
11	是否要求员工在与客户签订合同时明确口头告知客户的权利义务？	是/否	
12	是否有专门的部门或人员处理客户投诉？	是/否	
	是否有客户服务热线？	是/否	

续表

B. 与客户关系						
	当年累计放款客户数	当年累计放款总额（万元）	起诉客户不良贷款案件个数	处理客户投诉事例件数	公司信息在公众媒体上如广播、电视、报纸等发表次数	
13	放款时，是否完全了解客户在其他渠道的借款？				是/否	
14	20××年 12 月底，以资产抵押并办理他项权证获得贷款的客户占比是？					
15	20××年 12 月底，以担保公司担保方式获得贷款的客户占比是？					
16	是否认可农村信用社、农村商业银行等机构对客户的信用等级评价？				是/否	
17	是否建立通过网络或手机申请贷款的机制？				是/否	
18	放款时，是否要求客户购买人身意外伤害保险？				是/否	
19	是否建立客户跟踪回访机制？				是/否	
	如果建立了客户回访机制，是怎么安排对客户回访？					
20	公司客户信息是否已经加入了人民银行的征信体系？				是/否	

C. 与员工关系						
		20××年	20××年	20××年	20××年	20××年
1	期末员工人数					
	其中：女性员工数量					
	信贷员个数					
	本科毕业的员工数（人）					
	硕士及以上员工数（人）					
2	当年离职员工数					
3	员工中签订劳动合同的员工数量（人）					
4	员工中公司缴纳医疗保险的员工数量（人）					
5	员工中公司缴纳养老保险的员工数量（人）					
6	开展员工业务及劳动技能比赛的次数					
7	开展员工文艺表演、球类比赛等的次数					
8	员工是否参与与其相关的福利待遇的决定？				是/否	
	员工加班，是否给加班工资？				是/否	
9	贵公司是否监测员工的工作满意度？				是/否	
	如果监测，请详细说明是如何监测员工的工作满意度？					
10	公司是否建立了董事长或总经理网上交流信箱？				是/否	
11	是否组织职工年度体检？				是/否	
12	公司是否对员工进行培训？				是/否	
13	如果是，请详细说明公司是如何对员工进行培训的？培训内容有哪些？					

续表

D. 与社会和所在社区						
		20××年	20××年	20××年	20××年	20××年
1	公司的网点数量					
2	当年公司实际缴纳税收总额是多少万元?					
3	贵机构当年捐赠社会的资金是多少万元?					
4	公开开展金融消费知识宣传的次数?					
5	贵机构当年是否发布社会责任报告(是/否)					
6	对创业者的贷款笔数					
7	贵公司有哪些支持社区发展政策(书面的或非正式的)?如支持促进社区经济发展、支持妇女等					
8	公司支持社区发展方面有哪些成绩,请详细进行说明					
9	阐述获得社会荣誉					
10	是否是小额信贷机构联席会成员?			是/否		
11	是否加入小额信贷机构联席会以外的社会团体?			是/否		
	如是,加入了哪些什么团体?					
12	简述2011—2015年参与过的社会公益活动?					

参 考 文 献

[1] Cull, R., Demirguckunt, A., Morduch, J. Financial performance and outreach: a global analysis of leading microbanks. *Economic Journal*, 2010, 117 (517): 107 – 133.

[2] 李明贤，周孟亮．我国小额信贷公司的扩张与目标偏移研究．农业经济问题，2010，31（12）：58 – 64.

[3] 杜晓山，聂强．小额贷款公司与监管的博弈分析．现代经济探讨，2010（9）：44 – 48.

[4] 杨虎锋，何广文．商业性小额贷款公司能惠及三农和微小客户吗．财贸研究，2012，23（1）：35 – 42.

[5] 孙良顺，周孟亮．小额贷款公司的使命偏移及其有效治理——基于江浙两省相关统计数据．南通大学学报（社会科学版），2014（3）：25 – 31.

[6] 杨虎锋．小额贷款公司的制度设计及其绩效评价．中国农业大学博士论文，2012.

[7] Rhyne, E. The Yin and Yang of Microfinance: Reaching the poor and Sustainability. *Microbanking Bulletitt*, 1998, 2 (2): 6 – 8.

[8] Eversole, R. Help, Risk and Deceit: Microentrepreneurs Talk About Microfinance. *Journal of International Development*, 2003, 15 (2): 179 – 188.

[9] Fitchett, D. What's Wrong with Microfinance? *Enterprise Development & Microfinance*, 2007, 18 (4): 372 – 374 (3).

[10] Johnson, S., Rogaly, B. *Microfinance and Poverty Reduction*. Oxford: Oxfam, 1997.

[11] Buckley, G. J. Microfinance in Africa: Is it either the problem or the solution? *World Development*, 1997, 25 (7): 1081 – 1093.

[12] Morduch, J. The microfinance promise. *Journal of Economic Literature*, 1999, 37 (4): 1569 - 1614.

[13] 杜晓山. 中国农村小额信贷的实践尝试. 中国农村经济, 2004 (8): 12 - 19 + 30.

[14] 杜晓山. 对当前小额信贷及相关热点问题的思辨. 科学决策, 2013 (11): 1 - 6.

[15] Schreiner, M., Yaron, J. The subsidy dependence index and recent attempts to adjust it. *Savings and Development*, 1999, 23 (4): 375 - 405.

[16] Yaron, J. Successful rural finance institutions. *World Bank Discussion Papers*, 1992: 51 - 69.

[17] 胡金焱, 梁巧慧. 小额贷款公司多重目标实现的兼顾性——来自山东省的证据. 财贸经济, 2015 (5): 59 - 71.

[18] 杨虎锋, 何广文. 治理机制对小额贷款公司绩效的影响——基于169家小额贷款公司的实证分析. 中国农村经济, 2014 (6): 74 - 82.

[19] 张龙耀, 杨骏, 程恩江. 融资杠杆监管与小额贷款公司"覆盖率—可持续性"权衡——基于分层监管的准自然实验. 金融研究, 2016 (6): 142 - 158.

[20] Gordana, P., Milan, M. *Two - stage DEA use for assessing efficiency and effectiveness of micro - loan program*. The 7th Balkan Conference on Operational Research, 2005.

[21] Abdul Q, Munir A. *Efficiency and sustainability of micro finance*. MPRA Paper, 2006.

[22] Bassem, B. S. Efficiency of microfinance institutions in the mediterranean: an application of DEA. *Transition Studies Review*, 2008, 15 (2): 343 - 354.

[23] Hassan, K. M., Sanchez, B. *Efficiency Analysis of Microfinance Institutions in Developing Countries*. Social Science Electronic Publishing, 2009.

[24] Hermes, N., Lensink, R., Meesters, A. Outreach and efficiency of microfinance institutions. *World Development*, 2011, 39 (6): 938 - 948.

[25] Ahlin, C., Lin, J., Maio, M. Where does microfinance flourish?

Microfinance institution performance in macroeconomic context. *Journal of Development Economics*, 2011, 95 (2): 105 - 120.

[26] 杨虎锋，何广文．小额贷款公司经营有效率吗——基于42家小额贷款公司数据的分析．财经科学，2011 (12): 28 - 36.

[27] 董晓林，高瑾．小额贷款公司的运营效率及其影响因素——基于江苏227家农村小额贷款公司的实证分析．审计与经济研究，2014，29 (1): 95 - 102.

[28] Morduch, J., Littlefield. E., Hashemi, S. *Is microfinance an effective strategy to reach the MDGs*. CGAP Focus Note, 2003 (24): 34 - 48.

[29] Fernando, N. A. *Understanding and dealing with high interest rates on microcredit: a note to policy makers in the Asia and Pacific Region*. East Asia Department of the Asian Development Bank, 2006.

[30] Campion, A., White, V. *NGO transformation*. Document prepared for USAID under the microenterprise best practices project, 2001.

[31] Hassan, M. K. Themicrofinance revolution and the Grameen Bank experience in Banglades. *Journal of Financial Markets, Institutions and Instruments*, 2004, 11 (3): 205 - 265.

[32] Kamani, A. Employment, Not Microcredit, is the Solution. *Journal of Corporate Citizenship*, 2008 (32): 23 - 28.

[33] Roodman, D., Morduch, J. *The impact of microcredit on the poor in Bangladesh: revisiting the evidence*. Center for Global Development, 2009: 174.

[34] Morduch, J. The microfinance schism. *World Development*, 2000, 28 (4): 617 - 629.

[35] Karlan, D., Zinman, J. Credit elasticities in less developed economies: implications for microfinance. *American Economic Review*, 2006, 98 (3): 1040 - 1068.

[36] Rosenberg, R. *Does Microcredit Really Help Poor People*. CGAP Focus Note, 2010: 59.

[37] Mosley, P., Helmes, B. *Financial Sustainability, Targeting the Poorest, and Income Impact: Are There Trade - offs For Microfinance Institutions*?

CGAP Focus Note, 1996: 5.

[38] Olivarespolanco, F. Commercializing microfinance and deepening outreach: empirical evidence from Latin America. *Journal of Microfinance*, 2005, 7 (1): 47 - 69.

[39] Makame, A. H., Murinde, V. *Empirical findings on cognitive dissonance around microfinance outreach and sustainability*. University of Birmingham, Unpublished Paper, 2006.

[40] Copestake, J. Mainstreaming microfinance: social performance management or mission drift? *World Development*, 2007, 35 (10): 1721 - 1738.

[41] Ghosh, S., Tassel, E. V. *A Model of Mission Drift in Microfinance Institutions*. Working Papers, 2008, 42 (4): 60 - 75.

[42] Armendáriz, B., Szafarz, A. *On Mission Drift in Microfinance Institutions*. The Handbook Of Microfinance, 2009.

[43] 何广文，杨虎锋，张群，谢昊男，宋冀宏. 小额贷款公司的政策初衷及其绩效探讨——基于山西永济富平小额贷款公司案例的分析：金融理论与实践，2012 (1): 4 - 10.

[44] 冯林，马建春，王家传，宫琳琳. 小额贷款公司制度绩效及创新路径——基于对山东省三次跟踪调查的比较. 农业经济问题，2015 (2): 60 - 69.

[45] Christen, R. P., Rosenberg, R. *The Rush to Regulate: Legal Frameworks for Microfinance*. CGAP Occasional Paper, 1999, 4.

[46] Gonzalez - Vega, C., Schreine, M., Meyer, R. L., Navajas, S., Rodriguez - Meza, J. *A Primer on Bolivian Experiences in Microfinance: an Ohio State Perspective*. The Ohio State University Unpublished Book Manuscript, 1997.

[47] Merland, R., Strom, R. Microfinance Mission Drift? *World Development*, 2010, 38 (4): 1569 - 1614.

[48] Quayes, S. Depth of Outreach and Financial Sustainability of Microfinance Institutions. *Applied Economics*, 2012, 44 (26): 3421 - 3433.

[49] 卢亚娟，孟德锋. 民间资本进入农村金融服务业的目标权衡——基于小额贷款公司的实证研究. 金融研究，2012 (3): 68 - 80.

[50] 何婧，刘甜，何广文．董事会结构对小额贷款公司目标选择的影响研究．农村经济，2015（10）：62－65.

[51] Annim，S. K. Microfinance Efficiency：Trade － Offs and Complementarities between the Objectives of Microfinance Institutions and Their Performance Perspectives. *European Journal of Development Research*，2012，24（5）：788－807.

[52] 刘志友，孟德锋，杨爱军．金融发展、支农目标与微型金融机构的成本效率——以江苏省小额贷款公司为例．财贸经济，2012（8）：56－63.

[53] Fazzari，S. M.，Hubbard，R. G.，Petersen，B. C.，et al. Financing Constraints and Corporate Investment. *Brookings Papers on Economic Activity*，1988，1988（1）：141－206.

[54] Whited，T. M. Debt，Liquidity Constraints and Corporate Investment：Evidence from Panel Data. *Journal of Finance*，1992，47（4）：1425－1460.

[55] 王彦超．融资约束、现金持有与过度投资．金融研究，2009（7）：121－133.

[56] 郭丽虹，马文杰．融资约束与企业投资——现金流量敏感度的再检验：来自中国上市公司的证据．世界经济，2009（2）：77－87.

[57] 李科，徐龙炳．融资约束、债务能力与公司业绩．经济研究，2011，46（5）：61－73.

[58] 张巍巍．融资约束、财务柔性与公司绩效．财经问题研究，2016（6）：102－109.

[59] Kaplan，S. N.，Zingales，L. Do Investment － Cash Flow Sensitivities Provide Useful Measures of Financing Constraints. *Quarterly Journal of Economics*，1997，112（1）：169－215.

[60] Cleary，S. The Relationship between Firm Investment and Financial Status. *Journal of Finance*，1999，54（2）：673－692.

[61] 何青，王冲．现金流、融资约束与企业投资行为——基于制造行业细分竞争市场的研究．南开经济研究，2008（6）：16－26＋36.

[62] 屈文洲，谢雅璐，叶玉妹．信息不对称、融资约束与投资—现金流敏感性——基于市场微观结构理论的实证研究．经济研究，2011，46

(6): 105 - 117.

[63] 曹献飞. 融资约束与企业出口: 孰因孰果——基于联立方程模型的经验分析. 国际经贸探索, 2015, 31 (1): 66 - 76.

[64] 吕朝凤. 金融发展、融资约束与中国地区出口绩效. 经济管理, 2015, 37 (2): 107 - 118.

[65] 张左敏, 孔庆峰. 融资约束对企业出口决策的影响——基于银行信用风险的视角. 山东大学学报 (哲学社会科学版), 2017 (1): 97 - 105.

[66] 李新春, 杨学儒, 姜岳新, 胡晓红. 内部人所有权与企业价值——对中国民营上市公司的研究. 经济研究, 2008, 43 (11): 27 - 39.

[67] 白艺昕, 刘星, 安灵. 所有权结构对 R&D 投资决策的影响. 统计与决策, 2008 (5): 131 - 134.

[68] 易阳, 宋顺林, 谢新敏, 谭劲松. 创始人专用性资产、堑壕效应与公司控制权配置——基于雷士照明的案例分析. 会计研究, 2016 (1): 63 - 70 + 96.

[69] Kempf, A., Ruenzi, S., Thiele, T. Employment Risk, Compensation Incentives and Managerial Risk Taking: Evidence from the Mutual Fund Industry. *Journal of Financial Economics*, 2009, 92 (1): 92 - 108.

[70] 吴建祥, 李秉祥. 经理管理防御与企业风险承担水平——股权激励的调节作用. 经济经纬, 2017, 34 (5): 104 - 108.

[71] 惠祥, 李秉祥, 李明敏. 经理层管理防御、股权激励与企业外源融资结构. 商业研究, 2017 (8): 116 - 128.

[72] Denis, D. J., Denis, D. K. Managerial Discretion, Organizational Structure and Corporate Performance: A Study of Leveraged Recapitalizations. *Journal of Accounting & Economics*, 1993, 16 (1 - 3): 209 - 236.

[73] Denis, D. J., Sibilkov, V. Financial Constraints, Investment, and the Value of Cash Holdings. *Review of Financial Studies*, 2010, 23 (1): 247 - 269.

[74] Badia, M. M., Slootmaekers, V. The Missing Link Between Financial Constraints and Productivity. *Social Science Electronic Publishing*, 2008: 1 - 41.

[75] 让·雅克拉丰，让·梯若尔．政府采购与规制中的激励理论（石磊等译）．上海三联出版社，2004.

[76] Laffont, J. J., Tirole, J. *Competition in Telecommunications*. MIT Press, 2000.

[77] 肖兴志，陈长石．规制经济学理论研究前沿．经济学动态，2009 (1): 95 - 100.

[78] 于立，肖兴志．规制理论发展综述．财经问题研究，2001 (1): 17 - 24.

[79] 张红凤．激励性规制理论的新进展．经济理论与经济管理，2005 (8): 63 - 68.

[80] 汪秋明．新规制经济学研究述评．经济评论，2005 (4): 118 - 123.

[81] 张红凤，杨慧．规制经济学沿革的内在逻辑及发展方向．中国社会科学，2011 (6): 56 - 66.

[82] 王鹏．中国金融规制问题研究．吉林大学，2009.

[83] 刘志阳，黄可鸿．梯若尔金融规制理论和中国互联网金融监管思路．经济社会体制比较，2015 (2): 64 - 76.

[84] Barth, J. R., Caprio, G., Levine, R., et al. Bank Regulation and Supervision: What Works Best? *Journal of Financial Intermediation*, 2001, 13 (2): 205 - 248.

[85] 蒋海，刘少波．信息结构与金融监管激励：理论与政策含义．财经研究，2004 (7): 26 - 34.

[86] 项卫星，傅立文．金融监管中的信息与激励——对现代金融监管理论发展的一个综述．国际金融研究，2005 (4): 51 - 57.

[87] 李妍．金融监管制度、金融机构行为与金融稳定．金融研究，2010 (9): 198 - 206.

[88] Staschen, S. *Regulation and Supervision of Microfinance Institutions: State of Knowledge*. Eschborn, GTZ, 1999.

[89] 武翔宇，董运来．中国小额信贷监管研究．经济纵横，2007 (6): 5 - 7.

[90] 周孟亮，李俊．普惠金融视角下小额贷款公司监管模式研究．吉首大学学报（社会科学版），2014（1）：84-89.

[91] 刘海虹．非银行金融机构监管与金融风险防范问题．经济评论，1997（6）：56-58.

[92] 何光辉，杨咸月．小额金融机构审慎监管的国际最新发展．世界经济，2007（7）：86-95.

[93] 李东荣．拉美小额信贷监管经验及对我国的启示．金融研究，2011（5）：1-12.

[94] 张龙耀，包欣耘．非吸储类放贷机构的发展与监管创新——基于小额贷款公司的研究．金融论坛，2014，19（12）：17-25.

[95] 罗欢平．从小贷公司的法律属性看其监管主体的确立．金融理论与实践，2012（9）：63-66.

[96] Ravicz, R. M. Searching for sustainable microfinance: a review of five Indonesian initiatives. *Policy Research Working Paper*, 2016.

[97] 巴曙松，韦勇凤，孙兴亮．中国小额信贷机构的现状和改革趋势．金融论坛，2012（6）：18-25.

[98] 刘曦彤．我国小额贷款公司监管政策及其演变趋势．科学决策，2013（11）：43-69.

[99] 张杰．制度金融理论的新发展：文献述评．经济研究，2011（3）：145-159.

[100] 杨瑞龙．我国制度变迁方式转换的三阶段论——兼论地方政府的制度创新行为．经济研究，1998（1）：5-12.

[101] 张杰．渐进改革中的金融支持．经济研究，1998（10）：52-57.

[102] 杜彪．关于我国农村金融制度变迁的思考——基于诺思的国家与制度变迁的理论视角．农业经济问题，2007（10）：45-49.

[103] 孙阳昭，穆争社．论农村信用社制度变迁特征的演变．中央财经大学学报，2013（1）：20-25.

[104] 李建军，田光宁．中国地下金融对宏观经济影响的指数设计与分析．华北电力大学学报（社会科学版），2004（4）：19-22.

[105] 邢志平，靳来群．政府干预的金融资源错配效应研究——以中

国国有经济部门与民营经济部门为例的分析．上海经济研究，2016（4）：23－31＋68.

［106］田树喜，白钦先．金融约束、金融倾斜与经济增长——基于中国金融资源配置的经验研究．上海金融，2012（12）：3－7＋120.

［107］何广文．中国农村金融转型与金融机构多元化．中国农村观察，2004（2）：12－20.

［108］梁静雅，王修华，杨刚．农村金融增量改革实施效果研究．农业经济问题，2012，33（3）：22－28＋110.

［109］杜彪．关于我国农村金融制度变迁的思考——基于诺思的国家与制度变迁的理论视角．农业经济问题，2007（10）：45－49.

［110］叶慧敏，李明贤．农户融资约束问题研究进展及展望．当代经济管理，2014，36（3）：38－42.

［111］姚耀军，董钢锋．中小银行发展与中小企业融资约束——新结构经济学最优金融结构理论视角下的经验研究．财经研究，2014，40（1）：105－115.

［112］程超，林丽琼．银行规模、贷款技术与小微企业融资——对“小银行优势”理论的再检验．经济科学，2015，37（4）：54－66.

［113］米运生，戴文浪，董丽．农村金融的新范式：金融联结——比较优势与市场微观结构．财经研究，2013，39（5）：112－122.

［114］吴海兵，唐艳芳．我国金融制度变迁的路径依赖和演化趋势分析．山西财经大学学报，2006（1）：113－116.

［115］董兰．从金融体制变迁看民间金融的发展．现代审计与经济，2006（2）：16－17.

［116］张正平，唐倩，杨虎峰．小额贷款公司可持续发展能力影响因素实证分析．农村经济，2012（12）：55－59.

［117］茆晓颖．农村小额贷款公司可持续发展研究．农业经济问题，2012（9）：59－65.

［118］张正平．微型金融机构双重目标的冲突与治理：研究进展述评．经济评论，2011（5）：139－150.

［119］蒋永穆．中国农村金融改革40年：历史进程与基本经验．农村

经济，2018 (12)：6－8.

[120] 陈池波，彭克强．农村合作金融存量改革与增量发展：一个增量渐进发展的分析框架．农业经济问题，2007 (12)：27－33＋111.

[121] 杜婕，霍焰．民间资本进入农村金融服务领域的制度分析．财贸经济，2013 (3)：79－84＋111.

[122] 何广文．中国农村金融转型与金融机构多元化．中国农村观察，2004 (2)：12－20.

[123] 罗来武，刘玉平，卢宇荣．从"机构观"到"功能观"：中国农村金融制度创新的路径选择．中国农村经济，2004 (8)：20－25.

[124] 黄惠春．我国农村金融市场改革路径选择——基于"机构"和"功能"的综合视角．经济体制改革，2012 (5)：70－73.

[125] 姚耀军．中国农村金融改革：基于金融功能观的分析．西安交通大学学报（社会科学版），2006 (4)：1－6.

[126] 徐加根．金融制度改革中利益集团作用机制研究．西南财经大学，2008.

[127] 周黎安．中国地方官员的晋升锦标赛模式研究．经济研究，2007 (7)：36－50.

[128] Levine，R. Financial Development and Economic Growth：Views and Agenda. *Journal of Economic Literature*，1999，35 (2).

[129] 郭峰，熊瑞祥．地方金融机构与地区经济增长——来自城商行设立的准自然实验．经济学（季刊），2018，17 (1)：221－246.

[130] 郭峰，胡军．地区金融扩张的竞争效应和溢出效应——基于空间面板模型的分析．经济学报，2016，3 (2)：1－20.

[131] 苗文龙，财政分权、政府双重理性与最优财政政策．制度经济学研究，2012.

[132] 邓路，谢志华，李思飞．民间金融、制度环境与地区经济增长．管理世界，2014 (3)：31－40＋187.

[133] 张正平，郭永春．小额信贷机构目标偏离影响因素实证研究——基于固定效应模型的检验与比较．财贸经济，2013，34 (7)：48－58.

[134] 谢平，邹传伟．金融危机后有关金融监管改革的理论综述．金

融研究，2010（2）：1－17.

［135］杨瑞龙．论制度供给．经济研究，1993（8）：45－52.

［136］丰雷，蒋妍，叶剑平．诱致性制度变迁还是强制性制度变迁？——中国农村土地调整的制度演进及地区差异研究．经济研究，2013，48（6）：4－18＋57.

［137］张正平，夏玉洁，杨丹丹．小额信贷机构的双重目标相互冲突吗——基于联立方程模型的检验与比较．农业技术经济，2016（4）：16－27.

［138］杨大强，张爱武．1996—2005年中国商业银行的效率评价——基于成本效率和利润效率的实证分析．金融研究，2007（12）：102－112.

［139］Coase，R. H. The Nature of the Firm. *Economica*，1937，4（16）：386－405.

［140］Arrow，K. J. Uncertainty and the Welfare Economics of Medical Care：Reply（The Implications of Transaction Costs and Adjustment Lags）. *American Economic Review*，1965，55（1/2）：154－158.

［141］Williamson，O. E. *The Economic Institution of Capitalism.* New York：The Free Press，1985.

［142］道格拉斯·C. 诺斯．经济史中的结构与变迁．陈郁，罗华平，译．上海：上海三联书店、上海人民出版社，1994.

［143］Furubotn，E. G. Institutions and Economic Theory. *Revista De Economia Institucional*，2005，2（2）：165－169.

［144］尼夫．金融体系：组织与原理．北京：中国人民大学出版社，2005.

［145］谢朝华，彭建刚．交易属性、治理能力与金融体系——关于金融体系结构的交易费用经济学分析［J］．财贸研究，2007（4）：71－76.

［146］曾艳，杨钢桥．资产专用性、不确定性与农地整治模式选择．中国土地科学，2016，30（6）：14－22.

［147］石敏，李大胜，谭砚文．交易费用、组织成本与工商资本进入农业的组织形式选择．农村经济，2017（10）：57－63.

［148］苟茜，罗必良，王宣喻．专用性投资、交易成本与农民入社行为选择．农村经济，2018（12）：62－66.

［149］周孟亮，李明贤．小额信贷商业化、目标偏移与交易成本控制．

经济学动态，2010（12）：75－79.

[150] 李永平，胡金焱．我国农村各类金融机构的交易费用比较——基于山东省的调查分析．财贸经济，2013（7）：38－47.

[151] Berger, A. N., Mester, L. J. Inside the black box: What explains differences in the efficiencies of financial institutions? *Journal of Banking & Finance*, 1997, 21 (7): 895－947.

[152] Battese, G. E., Coelli, T. J. A model for technical inefficiency effects in a stochastic frontier production function for panel data. *Empirical Economics*, 1995, 20 (2): 325－332.

[153] Wang, H. Heteroscedasticity and non－monotonic efficiency effects of a stochastic frontier model. *Journal of Productivity Analysis*, 2002, 18 (3): 241－253.

[154] Fiordelisi, F., Marquesibanez, D., Molyneux, P. Efficiency and Risk in European Banking. *Journal of Banking and Finance*, 2011, 35 (5): 1315－1326.

[155] 谭政勋，李丽芳．中国商业银行的风险承担与效率——货币政策视角．金融研究，2016（6）：112－126.

[156] 李丽芳，曾莹．制度因素对商业银行效率的影响——基于中国106家银行的检验证据．金融经济学研究，2016，31（5）：36－47.

[157] 毛洪涛，何熙琼，张福华．转型经济体制下我国商业银行改革对银行效率的影响——来自1999～2010年的经验证据．金融研究，2013（12）：16－29.

[158] 刘冲，石文华，王树春．小额贷款公司发展的变异：东营案例．山东社会科学，2010（11）：82－87.

[159] 邵小龙．小额贷款公司发展中存在的问题及对策建议．武汉金融，2010（10）：55－56.

[160] 张哲晰，穆月英．农业产业集聚的生产效应及提升路径研究．经济经纬，2018，35（5）：80－86.